Martin Valzer
MOJ DŽINOVSKI PROBLEM

I0151967

REČ I MISAO
KNJIGA 510

Urednik
JOVICA AĆIN

S nemačkog preveo
ŽIVOTA FILIPOVIĆ

MARTIN VALZER

MOJ DŽINOVSKI PROBLEM

Priče

IZDAVAČKO PREDUZEĆE „RAD"
BEOGRAD

ŠTA BISMO BILI BEZ BELMONTEA

Izvesno vreme dolazio sam u iskušenje da grdim gospodina Belmontea. Ali to je bilo vreme kada sam o njemu malo znao. On je debeo i ćelav. Tako nešto se brzo vidi. A vide se i njegove debele šake što se poput tovljenih gusaka polako gegaju preko pisaćeg stola dok se razgovara sa gospodinom Belmonteom. Ali sa njim se uopšte ne razgovara. Njega samo mole. I ja sam nedeljama opsedao vrata njegove kancelarije, nisam popustio sve dok se njegova sekretarica nije iscrpljena sručila preda mnom na pod da sam jednostavno mogao da dignem nogu i pređem preko nje a da ne moram još jednom da joj nanesem bol.

Belmonte se primajući me uvek isto držao: glava mu je tako nalegala na podvaljak da je ovaj, odeljen od lica crnom brazdom, u polukrugu sezao od uva do uva. Crna brazda se oštro izdvajala iz mekog belog lica što se trudilo da blagonaklono gleda u svakog posetioca. Širio je šake, tegobno i s mukom kao da u bledim dlanovima oivičenim brežuljcima sala mora da nosi velike terete. I činilo se da mu ti za posetioca nevidljivi tereti opet svaljuju predusretljive šake; neki potmuo pljesak bi tada naznačio da su šake opet bile sletele u belu papirnatu pustoš pisaćeg stola.

Time su se moje posete kod gospodina Belmontea uvek završavale. Reči nisu bile potrebne. Gospodin Belmonte je znao zašto dolazim. Odmah kada sam došao sa konzervatorijuma pisao sam mu, njemu i mnogim drugim agencijama, slao sam im prepise svedočanstava koji su dokazivali da sam ja pijanista čije će ime jednom naterati gradske uprave da povećaju koncertne dvorane. Sve druge agencije ostajale su gluve za uspehe koje bi ubuduće sa mnom mogle da slave. Odgovorila je samo agencija Belmonte. Sam gospodin Belmonte me je pozvao da ga posetim. I posetio sam ga. Belmonte je ustao kada sam ušao, pošao mi u susret, pružio mi ruku, i ja sam se ustoličio pred njim kao neko ko donosi mnoštvo darova. Tada Belmonteovo lice nije bilo onako otromboljeno, nije bilo ni onako bledo kakvo je tokom godina postalo. Izmenjivali smo sve manje reči. Obojica smo još samo čekali uspeh na blagajni koji bi Belmonteu omogućio da me izda u velikom formatu. U početku smo sanjarili kako da insceniramo reklamni pohod. Već u pripremi mog prvog koncerta Belmonte je želeo da smisli sasvim nove puteve kako bi publiku pripremio da joj predstoji nešto što bi uobičajena iskustva sa koncerata potpuno bacilo u zasenak. Kada smo se najzad narazgovarali o toj reklamnoj kampanji, postalo je obojici mučno da se dotičemo te teme. Nismo želeli da jedan drugom izgledamo kao detinjasti sanjari. Važan je bio veliki uspeh na blagajni, koji će Belmonte ranije ili kasnije nesumnjivo imati sa jednim od svojih prominentnih umetnika. Sve vreme vežbao sam u svojoj mansardi. Danonoćno. Životario kopirajući. Ali šta je to marilo s obzirom na moje izglede, na dobronamernost kojom me je zapljuskivao čovek poput Belmontea kad god bih ga posetio! Mada su posete bivale sve kraće, bivalo je sve teže nerazumnu sekretaricu dovesti do toga da legne na tepih. Ipak, svake nedelje mi je uspevalo da vidim Belmontea.

To što ništa više nismo imali da razgovaramo, što je morao da širi ruke kao da se izvinjava, što ih je opet u stvarnoj nemoći puštao da pljusnu na pisaći sto, to je među nama postao znak da onaj neophodni uspeh na blagajni još uvek nije dolazio. Stekao sam naviku da na njegove gestove odgovaram tako što sam se klanjao. To je značilo da je sve u redu, da sam samo opet jednom hteo da pitam kako stvari stoje. Okretao sam se iz tog naklona ne dižući još jednom glavu; nisam želeo da otežavam njemu i sebi time što bih mu gledao u oči.

U predsoblju bi se sekretarica dizala sa poda baš kada bih se vratio, tako su kratke bile moje posete kod gospodina Belmontea. Duže posete ne bih podneo zbog Belmontea, kojeg su mučili bezbrojni papiri.

Ali jednog dana Belmonte nije raširio ruke da bi ih tužno pustio da padnu. Toga dana se osmehnuo i zamolio me da sednem. Da li sam spreman, rekao je, on vidi jednu mogućnost. I odmah mi je pomenuo termin. Jurnuo sam napolje. Odjurio sam u svoju sobu i odsvirao očajno loše sve svoje programe.

Na dan svoga koncerta otišao sam u četiri po podne u salu u kojoj je trebalo da se održi. Bili su već založili. U uglovima je stajao lovor. Sjali su se redovi stolica. Mirisalo je svečano. Hodao sam gore-dole. Seo sam. Pipkao sam po klaviru. Šake su mi bile vrele i vlažne. Klizale su se. U ušima je šumela krv.

U pet sati došao je jedan gospodin. Mojih godina. Pogledao me sumnjičavo. Išao gore-dole. Seo. Pogledao na sat. Pogledao me još jednom. Zatim je došao drugi, treći. A dva sata pre početka mog prvog koncerta sala je bila dopola puna. Osećao sam kako mi se licem razrastaju jarkocrvene pege. Maramicom sam trljao kožu da bih malo raspodelio uzbuđenje. Pri tom sam mislio na gospodina Belmontea. Koliko li me je samo propagirao kada ljudi dolaze ovako rano. A nisam u gradu video ni jedan jedini plakat. Belmonte mora da je izumeo nešto sasvim novo. Kome je ikada uspelo da ovako napuni salu dva sata pre početka koncerta! I kako su uzbuđeni bili svi ti gosti! Kako strašno uzbuđeni! Sasvim malo ih je izdržavalo na jednoj stolici! Stajali su u prolazima, tabali gore-dole, dižući stopala, kao da na podu dvorane leži metar snega. A usne su im lepršale, izbacivale reči, zatim male pokušaje smeha, ali su ih u laž nagonile široko razrogačene oči, koje su bez pravila skakale tamo-amo pod čelom što se bolno trzalo.

7

Činilo se kao da im od mog koncerta zavisi još više nego meni samom. Verovatno je Belmonte obećao premnogo. Očekivanja kakva su ovde plamsala iz fanatično bledih lica ne može više da zadovolji nijedan pijanista. Puls mi je prosto probijao kožu dok sam mislio na to. I podilazili su me žmarci, brazdali mi kožu raonikom od leđa.

A ta gospoda, sve sami individualci, izgledala je kao da razume nešto o muzici. Tu su se komešale fino formirane glave, zamašnih temena i zaštićene svilastim kosama kao nečim najskupocenijim. I video sam kako mi uske šake, poput belih ptica, lepršajući promiču ispred očiju.

Ah, gospodine Belmonte, pomislio sam, Vi ste sigurno premnogo učinili. Dugogodišnje iščekivanje iznurilo je i vas, poremetilo vam pravu meru, i sada ste verovatno hvalili jednog maestra kakvog svet još nije čuo u koncertnim dvoranama. Možda ste od mene učinili nekakvog gosta što samo jedan jedini put svira na ovoj Zemlji. Kako bi inače mogla da se objasni pucketava napetost što dvoranu u svakom trenutku može da preobrati u more plamena!

Tako sam svoj bojažljivi govor upućivao gospodinu Belmonteu. Da je bar bio tu! Zar nije obećao da će doći na vreme?

Otišao sam do izlaza. Starica na blagajni predano je hrkala. Pa, pomislio sam, ništa drugo i ne znaš. I radovao sam se što joj posetioci večeras neće dozvoliti da duže spava. Ali gospodin Belmonte se ni ovde još nije mogao videti.

Probio sam se kroz srednji prolaz opet napred da sednem u prvi red. Gospodin Belmonte me je izričito molio da sedim u prvom redu sve dok on ne dođe. Kada sam najzad stigao do prvog reda, bio je već zauzet. Nekoliko gostiju se, izgleda, toliko umirilo da su vreme do mog prvog akorda mogli da provedu sedeći. Seo sam, dakle, u drugi red. Nisu me poznavali. A bilo bi mi mučno da nekom gospodinu iz svoje prve publike moram da kažem da izvoli sesti u drugi red kako bi napravio mesta za mene. Tek što sam seo, svetlo se ugasilo, a iz crne zavese što je pozadi zatvarala pozornicu odjednom se ispilio Belmonte. Pošto mu je odelo bilo crno kao i zavesa iza njega, videlo mu se, u stvari, samo krupno belo lice i okrugle bele šake, koje je kod svojih prvih reči sklopio pred grudima. Bile su to pozdravne reči publici. Tih glas što se pomalo tužno gubio u tihoj dvorani. Pozvao je za ovo veče samo poznanike, samo prijatelje, rekao bi, svoje i prijatelje muzike. Zato se, veli, odrekao plakata, i uopšte bučne reklamne dreke, na koju je umetnost nažalost prisiljena u nadmetanju sa borilačkim veštinama. Oslobodio se tog obeščašćujućeg nadmetanja, razaslao je zato one pozive koji su verovatno ponekog dragog gosta što je sada došao ovamo naterali da malo lupa glavu. E, pa sada će otkriti tajnu, rekao je gospodin Belmonte i prvi put prešao maramicom preko čela. Ono što je Belmonte sada izgovorio, što se sada dogodilo, mogu da ponovim samo sa velikim naporom; to je za mene bilo teško podnošljivo.

Belmonte je rekao: Sama publika mora sebi da bira pijaniste koje ubuduće želi da sluša. Veliki majstori koji sada još pune dvorane mogu, kaže, svaki dan da umru, tako su veliki postali, i tako ostareli. Ali podmladak je tu, stalno stoji pred vratima dvorane i čeka da bude pušten unutra. On, Belmonte, pustio ga je i pozvao ovamo razne mlade pijaniste da im pruži priliku da se predstave publici. Te pijaniste moli da sada dođu na pozornicu. A publika neka odluči koga prvo želi da čuje i šta želi da sluša. Neka takođe na kraju ovog koncerta nove vrste odluči koga ubuduće opet i opet želi da sluša.

Kada je gospodin Belmonte ovo rekao, digao sam se. Bio sam ošamućen, prsti mi ništa nisu osećali, mlitavo su visili na šakama: kao mrtvi. Nije mi više bilo ni vrućina. I dok sam zajedno sa svojim kolegama stupao na pozornicu, mislio sam na to da moram da ostanem budan pošto ovo sada ne počinje koncert nego takmičenje koje odlučuje o mojoj budućnosti.

9

Gospodin Belmonte je još govorio kada smo mi već pošli prema njemu, načičkali se levo i desno od njega. Kao da se izvinjava zbog velikog broja pijanista što su sada pokuljali na pozornicu, rekao je dole u dvoranu: pa on ovu mladu gospodu nije poslao na konzervatorijum, nije ih on podstakao da postanu pijanisti. Ali sada su tu, a da bi živeli potrebna im je publika. A ovi pijanisti dolaze mu jednom, dvaput, neki čak triput nedeljno, u grozdovima kojih se je nemoguće otresti, opsedaju njegovu kancelariju, gaze mu sekretaricu za sekretaricom. Preslab je da se odbrani, jer oni su mladi, snažni i nadbrojni. Dolaze njemu kao da ih je on ne samo doneo na svet nego čak naterao da postanu pijanisti; kao da im je i čvrsto obećao da će im po završenom školovanju pribaviti slave i novaca koliko god žele. On takođe zna, rekao je sada glasno Belmonte, da mu je sudbina da jednog dana umre od pijanističkih ruku izludelih od nedelanja. Zadaviće ga, to je neminovno; pa ruke su im dugoprste i uvežbane u snažnim zahvatima; ali pre nego što ga stigne ta smrt, u izvesnoj meri profesionalna smrt, želi da ukaže javnosti na te strašne tendencije. Ali možda je državni tužilac koji će tada morati da optuži ubice agenta Belmontea danas u dvorani; onda neka već danas dozna da je sam Belmonte već unapred oprostio svakom svom ubici. Belmonteov glas bio je dobio na sjaju i jačini, bio je izrastao u veliki bič što je u pravilnim zamasima šibao po redovima stolica dok su iz dvorane još uvek na pozornicu navaljivali mladi bledi ljudi užarenih očiju.

Sada je pozornica bila puna, tesno zbijeni stajali smo mi mladi pijanisti i videli da još uvek nisu svi našli mesta. Pred pozornicom stvoren je jedan red, pa onda drugi, tada se najzad činilo da su svi stali na mesta. Stajali smo kao ogroman muški hor i kao čopor vukova u crnim odelima, koji nervozno dahću i trzavih udova poigravaju oko svoga ukrotitelja.

Ali kada su se svi našli na okupu, kada je Belmonte hteo da pozove na takmičenje, videli smo, i Belmonte je morao da vidi, da dvorana sada nije više krila ni jednog jedinog čoveka.

Radovi stolica sjali su prazno i svečano. Svi, svi posetioci bili su, dakle, pijanisti. Belmonteov poziv svojim prijateljima, a i prijateljima muzike, bio je uzaludan. Bez dejstva.

Pogledali smo u Belmontea. On je valjda još pre nas primetio kako stvari stoje sa njegovim poduhvatom. Bio je bleđi nego ikad. Glava mu je bila klonula napred na podvaljak, pritiskala je od uva do uva crnu brazdu kao da mu se na glavu već namiče crna žičana omča: Belmonte je posrtao, oturao od sebe zaobljene ručice. Pao je, a mi smo ga u poslednjem trenutku dočekali na ruke. Odneli smo ga kući u kancelaraiju, položili ga na tepih i sedeli, stajali, ležali i dreždali oko njega, grozd gladne gospode, bez reči, bez pogleda i suzdržanog daha. Kada se ponovo mrdnuo, otvorio oči i hteo da se digne, mi smo se okrenuli, naklonili se i na vrhovima prstiju napustili Belmonteovu kancelariju.

Sledile su nedelje bez Belmontea. Možda sam tih nedelja disao, možda sam čak otvarao oči, pokretao šake; ne znam više. Nema sećanja na to vreme. To što sam ih preživeo nije još nikakav dokaz da sam i tih strašnih nedelja još disao. Bio sam ugašen. Izgažen. Nedelje bez Belmontea. Slutim da sam legao u abažur lampe pridruživši se mrtvim muvama. Sušio se. Zurio. Nepomično. Možda se nadao nekoj čistačici koja će me pokupiti, sahraniti me u usisivaču, zajedno sa mrtvim muvama. Sigurno je da bi se tako dogodilo da se još jednom nije umešao Belmonte.

Belmonte je posle te večeri otišao. Prihvatio je mesto u jednom velikom hotelu. Postao je šef recepcije. A onda mi je taj dobri čovek opet napisao pismo. Pozvao me je da ga posetim. I posetio sam ga, a on me je zaposlio. Postao sam portir. I uskoro sam u ostalim portirima ogromnog hotela prepoznao ovog ili onog kolegu iz dvorane.

Belmonte nas je sve spasao.

11

Noću kada se penjemo u potkrovlje, poslednji deo puta uz uske crne gvozdene lestve, noću kada po tavanu ležemo da spavamo, u širokom krugu u čijem središtu nam leže glave, noću imamo vremena da zahvaljujemo Belmonteu: sastavljamo pesme koje mu ime čine pevljivim, mrmljamo izreke, molitve za Belmontea. A kada zaspivamo i kada se budimo i kada se negde sretnemo za vreme rada, pozdravimo se svojim pozdravom, a on glasi: „Šta bismo bili bez Belmontea!"

Služba koju nam je Belmonte pribavio u hotelu svedoči o njegovoj velikoj mudrosti: uniforme crvene kao vino dobro nam pristaju uz bledo mladićko lice! A kada svojim uvežbanim prstima hvatamo za bleštave mesingane okove hotelskih vrata, gosta lepo savijenom rukom vodimo kroz salu, do recepcije, do gospodina Belmontea, tada svaki gost mora da oseti da ta vitka gospoda duboko usađenih očiju potiču iz dobre škole. Verovatno poneki nasluti da za svoje pokrete lake kao pero imamo da zahvalimo naročitom odgoju, čak nas smatra pametnom rasom pasa. Životinjama koje plešu. Oštrog sluha, prefinjenim i uvežbanim u bezglasju.

I stvarno: uživamo u vitkoj uslužnosti svojih gipkih tela i toliko robujemo Belmonteu i svojoj službi da ljubazno i zahvalno kevćemo gore ka njemu što prestoluje na recepciji. A kada se nekada za trenutak uopšte ne vide gosti, strižemo ušima i jedni drugima saterujemo zube u ramena i ruke, ostajemo što duže tako zagriženi jedni u druge, uživamo u bezbednosti hotela, koji nas štiti od ledene ravnodušnosti sveta. A gospodin Belmonte nam povrh toga još dobacuje šećerleme. Mi ih hvatamo gubicom i rukama i stavljamo ih u džep ako nanjušimo da stižu gosti – a to uvek nanjušimo. Onda se, razuzdano se kezeći, zgurimo i stuštimo kroz obrtna vrata, pa se umiljato cvileći upravimo u susret autu što pristiže i, meko pevajući gumama, staje tik pred nama. Grabimo prtljag, na sva naređenja moćne gospode klimamo glavama, bešumno poput tepiha posukljamo pred gospodom u salu i gospodinu Belmonteu isporučimo goste kao dobar, dobar plen.

Hotel cveta. Prozorska okna sjaju kao nikad pre. Čak i direktor priznaje da za to ima da zahvali nama. Veoma nas pazi. Gladi nas po ramenima svojom velikom šakom, ugađa nam slatkišima i laskavim rečima, reži odozgo na nas, jer veruje da tako mora da se sporazumeva sa nama. Da smo mi ljudi, to više ne može da se zamisli! Tako daleko ljudi nikada neće doterati u uslužnosti! Zašto direktor ne bi poverovao da je Belmonte tajanstven odgajivač novih živih bića? Zašto Belmonte ne bi bio čovek koji je najzad uvideo da ljudi sebi ravne nikada neće služiti kako treba. Ono što dvonožno hoda okolo, usta koristi da protivreči, izgleda kao sama gospoda, to nikada neće valjati za savršenu službu. A Belmonte je nas što smo odavno bili zadavljeni ravnodušnošću ljudskog sveta sasvim izuzeo iz tog sveta i navukao nam uniforme rujne kao vino, obezbedio nam topao tavan i naučio nas jednom načinu života koji nam omogućuje radosno i zajedničko disanje. Nećemo više da se merimo sa ljudima. Tako direktor pravilno postupa kada skoro nežno reži dole na nas da bi nam odao priznanje. Mi mu tada i odgovorimo žmirkajući, dokazujući mu da njegovo režanje razumemo bolje od svih reči.

Koliko nas ljudi koji uspravno hode već prepoznaju kao naročita bića pokazuje nam ponuda jedne dame načičkane dijamantima što je želela da nas otkupi od direktora da bi nas povela u Ameriku u svoju vilu, u kojoj mora da živi usamljeno i nezaštićeno. Direktor je odbio da proda i samo jedno jedino od svojih gipkih stvorenja. Nijedna cena nije mu bila dovoljno visoka. To nas je dirnulo. Kada nam je Belmonte ovo ispričao, usred našeg kruga stajala je barica od suza.

A ipak naša sreća nije savršena. Nije baš da je neki od nas posebno ojađen kaskao širokim hotelskim hodnicima, da je neki čak u spavaonici u potkrovlju samotan čamio iza nekog sanduka ne bi li iz duše isplakao

13

neizreciv jad. To je ostalo za nama. Postali smo tako ne-razaznatljivi, zbacili smo, hvala bogu, i sva imena što nas dele, pa sve zajedno uživamo i podnosimo.

Međutim, moramo da podnosimo što nam prsti po-nekad pomahnitaju, što odjednom kao divlji počnu da dobuju. A protiv toga niko ne može da se brani. To čo-veka odjednom spopadne. Bilo da se upravo dokono prileglo kraj Belmonteovih nogu ili da se kaska pred nekim gostom, čovek ispusti ono što ima u rukama i kao da je pijanista, kao da je gostov kofer klavir što crno sja, počne da svira. Nema svirka. Gostu se čini nemom, tuđincu koji ništa ne sluti. Nama kriči u ušima. Užasna muzika. Tu nam ne ostaje ništa drugo, moramo da peva-mo. To, naravno, nije više pevanje, nego zavijanje, koje se razleže mermernim hodnicima hotela. To je mučno i jedini povod za gosta da se žali na nas. Ali Belmonte i tu pomogne. Ode direktoru, porazgovara sa gostima i tako dobro objasni naše naročito poreklo da nas gosti onda posmatraju radoznalo i dirnuto.

A ti napadi bili bi i za nas stalan povod da budemo tužni da nije Belmontea. Ali Belmonte nam je razotkrio jedan plan koji nam olakšava da savladamo te napade; plan koji ih upravo čini izbežnim. Jedne večeri dok smo u spavaonici ležali oko njega Belmonte je rekao: da smo dovoljno dugo obavljali tu hotelsku službu, toliko bismo postali ona naročita rasa pasa kojom nas već da-nas smatraju da naše nekadašnje poreklo, kaže, ne bi bi-lo dokučivo ni stručnjaku. Ovaj proces mora da sazri. Moraju brižljivo da se posmatraju sve promene kojima smo izvrgnuti, spolja i iznutra, i da se unapređuju bri-žnom baštovanskom rukom. To će on da učini. A kada sasvim postanemo ono što smo sada počeli da postaje-mo, namerava za nas ovde da otkaže službu i da opet podigne staru agenciju Belmonte. I mi ćemo, veli, po-stati najpriželjkivaniji pijanisti u muzičkim salonima ove Zemlje. Još nikada neka rasa pasa nije doterala do tako virtuoznih ostvarenja u interpretaciji klasičnih i modernih dela. Uspeh, u svojim razmerama sada još nezamisliv uspeh koji ćemo imati, obeštetiće nas za sve muke koje za sada još moramo da podnosimo.

Belmonte je govorio kao ranije. Bili smo fascinirani. Počeli smo da strižemo ušima, dahtali smo razjapljenih gubica, jezici su nam se crveno klatili pred bledim licima, a iz našeg kruga dizalo se zavijanje sigurno u pobedu. Sasušene grede našeg tavana sjale su u odsjaju naših očiju, hotel kao da je podrhtavao. I nije prestajao da podrhtava kada nas je Belmonte obavestio o našoj budućnosti. Svi talenti kretanja poskočili su u nama: zmija i ptica i voda i peteljke cvetova na prolećnom vetru, sve je u nama, pa likujući odmičemo hodnicima ma kako težak da je prtljag. Pa znamo: Belmonte će nas ranije ili kasnije – on će već izabrati pravi trenutak – odvesti u koncertne dvorane. Kevćući ćemo pohrliti na pozornicu, za trenutak prepasti gledaoce, a onda ćemo jednim elastičnim skokom sesti na stolicu uz klavir i sedećemo uspravno kao da smo ljudi: i sa muzikalnošću još neviđenom kod pasa sviraćemo velika dela muzičke literature.

Šta tu znači udarac nogom nekog gosta koji nas baca niz stepenice! Šta znači zloća kuvarice što nam za ručak šalje koske koje je prethodno dala običnim dvorišnim psima da ih pedantno oglođu! Ne može da nas ozlojedi čak ni mržnja kelnera mada je nju najteže podneti. Ti momci što loše plešu, sve same suklate, su naime primetili da ih daleko nadmašujemo lakoćom pokreta, vitkošću i bezglasnom hitrinom. Muče nas gde god mogu. Dadnu li nekom gostu vatre, onda nam šibicu gase na koži kao da je ona već krzno. Ako pored nas pronose vrele supe što se još puše, namerno prospu nekoliko kapi da bi nam sprljili oči vazda uslužno uprte prema gore.

Ali sve to mi podnosimo radosno režeći, ljubazno cvileći, otkad znamo da će nas gospodin Belmonte odvesti natrag u koncertne dvorane sveta. A da onda uspeh neće više moći da nam istrgnu između zuba, da će onda naše dvorane uvek, uvek biti pune, to je sigurno.

Pa Belmonte poznaje svet. Dovoljno dugo je proučavao prazne stolice svojih koncertnih dvorana, dovoljno dugo gledao je nelagodnost u očima svih posetilaca koncerata, zna ono što sami ti posetioci samo slute: Pse, njih žele da vide na podijumima. Pse za klavirima. Pa Belmonte poznaje svet. I prema tome postupa. Postupa sa nama. A mi mu se pokoravamo. Pripadamo mu. Jer: Šta bismo bili bez Belmontea...?

POVRATAK JEDNOG SAKUPLJAČA

Aleksandar Bonus, koji je zbog neke srčane mane još rano penzionisan, živeo je kao neženja do u najgore ratne godine u našem gradu, a onda je skoro nasilno odveden u okolinu, u neko vinarsko selo, gde je od tada stanovao u majušnoj sobici u potkrovlju. Mastilom ljubičastog sjaja koje je sam spravljao pisao je nekoliko godina posle toga mnogostrana pisma gradskom stambenom uredu i molio da mu sada najzad omoguće povratak u rodni grad. Gospoda iz stambenog odbora su ga opet i opet unapred odštampanim pismima tešila skorim poboljšanjem prilika. Aleksandar Bonus bi svaki put odgovorio ljubaznim pismom, ali je, sačuvavši svu moguću učtivost, ipak sve usrdnije molio da za njega, a pre svega za njegovu na raznim mestima smeštenu zbirku, oslobode sopstveni šestosobni stan. Pustio je, kaže, da prođu posleratne godine jer je znao da je njegovih šest soba u gradu potrebno da se savlada prva oskudica; ni sada se još ne bi usudio da ozbiljno moli za dodelu tih prostorija da se nije upravo vratio sa jednog putovanja koje ga je vodilo u mesta u kojima u seoskim podrumima i ambarima leži njegova zbirka. Ali kako! Baš onako kako se u ratnim godinama postupalo sa jednom za ono vreme posve nevažnom zbirkom ptičjeg perja. Drvo njegovih vitrina istrulilo je od vlage i ispucalo od vrućine, stakleni zidovi poplesnivili i izgubili sjaj, a u stanje svog skupocenog perje uopšte nije hteo da se uverava, ono se već prema letimičnom utisku može označiti kao katastrofalno.

Aleksanar Bonus obraćao se i onim gradskim većnicima koji su njegovu zbirku poznavali iz vremena pre rata, čak je nagoveštavao da on, koji živi sam i najveći deo života ima iza sebe, svoju zbirku na kraju želi da zavešta Gradskoj višoj školi, što će, naravno, biti u stanju samo ako mu se pomogne da zbirku spase od konačnog raspada.

Stariji gradski većnici morali su da brane ova pisma gospodina Bonusa suočeni sa osmesima onih kolega koje su tek ratni događaji, a u izvesnoj meri i slučaj, doplavili u naš grad. Tim starijim većnicima moglo se i zahvaliti što su dve porodice koje su bile smeštene u stanu gospodina Bonusa morale da isprazne dve sobe i što je Bonus primio pismo od našeg gradonačelnika kojim je obavešten da može opet da se useli bar u dve sobe svoga ranijeg stana, što njemu, neženji, eto daje mogućnost da ponovo postavi i neguje deo svoje zbirke. A može da se nada da će u ne previše daleko vreme opet samo za sebe i svoju zbirku posedovati treću, četvrtu i petu, a na kraju jednom i šestu sobu.

Četiri dana kasnije, jedno poljoprivredno vozilo stade pred kućom u kojoj se nalazio Bonusov stan, a on žurno siđe sa blatobrana traktora na kojem je sedeo dok se sa sela vozio u grad; uputi se ka kućnim vratima, držeći u ruci ključ, prinese ga drhteći bravi, ali oči, preduhitrivši hitre pokrete ruke, već primetiše da to nije više bila stara brava. Ključ mu ispade iz ruke. Ne zazveča jer je od građevinskih radova pločnik još bio prekriven peskom.

Tada Bonus zazvoni.

Da, te dve sobe bile su već ispražnjene. Ali dve porodice, koje su se prerasporedile na preostale četiri sobe, nepoverljivo su posmatrale svaki komad koji je on slao gore. Prvo dođe sto, zatim stolica, orman, krevet, a onda četiri vitrine, čiji su stakleni zidovi bili prljavi, tako neprozirni od plesni, prašine i paučine da se nije videlo šta sadrže. Deca dveju porodica koje su posmatrale pokušavala su prstima, vlažeći ih jezikom, da obrišu stakla kako bi bar jednim okom virnula unutra. Ali su ih roditelji vikali da se vrate i dozvoljavali im da gledaju samo sa vrata predsoblja, kao što su i sami činili. Još nisu znali šta da misle o tom starcu mesnatog, mladićkog lica i mlečno bele kose. A gospodin Bonus odmah se upozna sa svima, posebno se sagnu prema svakom detetu – te dve porodice dogurale su ipak do sedmoro dece – i sada je čak obećavao deci da će im pokazati celu svoju zbirku kada je samo malo sredi. Nažalost je to samo mali deo, dodade on; zatim spusti pogled na svoje male bele ruke i sa najblažim smeškom reče da živi samo još za onaj dan – a taj dan će doći – kada će opet imati dovoljno mesta da ovde postavi celu svoju zbirku.

Kada Aleksandar Bonus ovo reče, roditelji sedmoro dece ga smrknuto pogledaše. Izgledalo je kao da se odjednom plaše tog nežnog čoveka bele kože. Okretali su se, vukli svoju decu za ruke i kosu dalje od Bonusa i njegovih staklenih ormana i nestajali iza svojih vrata. Bonus je gledao za njima, a kada ču kako tamo počinje žurno sašaptavanje, koje se često pojačavalo prelazeći u glasnu svađu, i kada ču da tu svađu pothranjuje njegovo ime, on se osloni na jednu povisoku vitrinu, umiljato je trljao glavu o drvenu ivicu, smeškao se i razmišljao da li kormoranovo perje ipak da stavi zajedno u istu vitrinu sa perjem faetona, bar dok ima samo dve sobe. Bolje neka se perje uzajamno prekriva nego da i jednu jedinu vitrinu mora duže nego što je neophodno da ostavi u onim vlažnim seoskim podrumima. Verovatno se takva sastavljanja isprva uopšte neće moći izbeći pošto su neke vitrine sigurno bile oštećene do neupotrebljivosti. A perje kormorana i faetona predstavljalo je u njegovoj zbirci i tako izuzetak, pa bilo je jedino perje kojim su kod njega bile zastupljene ptice plivačice, svi drugi komadi njegove zbirke poticali su iz porodica sova i sokolova, dakle od grabljivica, osobito od raznih orlova. Da tokom godina koje je morao, kako je to sam nazivao, da proživi u izgnanstvu, ne bi bio sasvim besposlen, bio je svojoj zbirci počeo da priključuje odeljak „Kokoši i potrkuše". A pošto je u dubini svoga srca strasno bio zainteresovan samo za orlovo perje, izgradio je taj novi odeljak u nadi da će kasnije jednom to perje moći da koristi kao predmet trampe i da za njega nabavlja orlovo perje. Čak ni gordi beli buketi faetonovog perja ni vitko crno kormoranovo perje nisu imali izgleda da će zauvek moći da ostanu u toj zbirci. Za jedno jedino harpijino pero odmah bi ih dao. Harpije su bile Bonusove najdraže ptice. A da je ponuda harpijinog perja, ili čak harpijinog paperja, bila dovoljno velika, ko zna, možda bi malo-pomalo celu svoju zbirku dao za perje ove naročite vrste orla. Za raznovrsnost svoje zbirke Bonus je mogao da zahvali što je harpije u vodenim prašumama Južne i Srednje Amrike bilo veoma teško loviti.

Prvih dana po povratku gospodin Bonus se nikom nije odazivao, nije se viđao. Sedmoro dece, koje bi povremeno odsustvo roditelja rado iskoristilo za posetu kod Bonusa, uzalud je kucalo na vrata. Bonus se borio protiv plesni, prašine i paučine.

Otimao je od truleži, od već skoro predstojećeg konačnog raspada, svoje vitrine, staklene zidove, drvene ivice i mesingane okove. Zatim se latio perja. Kruta, tmasta i prikrevena skramom što je ubijala sve boje, pera su ležala mrtva na svojim jastučićima; a Bonus se sećao kako su te nežne, svilaste, gipke čudesne tvorevine nekada ležale pred njim svetlucajući u mnogo boja. Bonus je svako pero uzimao pojedinačno u ruku i čupkao i oduvavao zrnce po zrnce; ogroman posao. Ali nije hteo ni da izgubi ni maljicu paperja. Zatim umeša onu mast po kojoj se već pre više decenija pročuo u krugovima što su se bavili prepariranjem ptica, onu mast koju je umeo da umeša tako da se skoro izjednačavala sa sekretom koji kod ptica luči trtična žlezda da bi umastila perje; tom mašću premaza sve perje svoje zbirke, tek tada otvori vrata i pusti decu da uđu.

Ali gospodin Bonus nije stizao da decu vodi od ormana do ormana i da im, što je ranije strasno činio, priča odakle potiče sve to perje i kako izgledaju i žive ptice koje su ga nekada nosile. Isuviše je bio uznemiren stanjem u kojem je zatekao svoju zbirku. Možda je već došao prekasno, možda će se perje ubrzo raspasti u prah, ko je mogao da zna! Ma koliko se radovao što opet može da se bavi svojim perjem, da moćna tamnosmeđa krilna pera carskog orla pušta da klize po mekoj koži svoga lica, to perje što je nekada tu najmoćniju pticu nosilo preko ogoljenih stepa Mongolije, nije mogao da se zavara da je zbirka bila još samo senka same sebe. Boje su bile izgubile sjaj, a vlakanca pera su uprkos svem trudu ostajala krta. A veći deo njegove zbirke, to ga je najviše uznemiravalo, iz časa u čas još više se raspadao u onim seoskim podrumima i ambarima. Pa te dve sobe koje su mu bili dodelili nisu mogle da prime čak ni deo zbirke koji je bio doneo sa sobom.

Krevet još nije bio rasklopio, stolica je stajala na stolu, a vitrine su, naslagane jedna na drugu, činile kule što su sezale do tavanice; raspored koji je, pri stanju u kojem se nalazilo drvo, morao da dovede do katastrofe, i raspored koji je svakome i njemu onemogućavao da uživa u zbirci.

Upita decu, koja su spljoštenim nosevima prianjala za staklo, da li u sobama njihovih roditelja nema još malčice mesta, rado bi, veli, stavio na raspolaganje svoje najlepše komade; pa to je ukras, takva jedna vitrina sa perima crnog orla, ili možda ona sa perjem orla zmijara, eto im, pa neka biraju. Deca zavriskaše od radosti i odmah u svoje sobe odvukoše tri, četiri, pet vitrina. Uveče dođoše roditelji, bojažljivo zakucaše, uđoše, pozdraviše se i izviniše se gospodinu Bonusu za ono nedavno, pobojali su se, eto, za svoje sobe, a i smatrali su ga – moraju to da priznaju – nekim namćorastim čudakom, ćudljivim starcem; oni su, šta će, prosti ljudi, ali vitrine su – doduše, ništa se ne razumeju – sigurno veoma dragocene, pa im je čast što im Bonus poverava tako skupe komade. Zar ne bi pošao da vidi kako su postavili vitrine. To je jedini uslov koji povezuje sa ovim pozajmnim poklonima, odgovori smešeći se Bonus: da tu i tamo

21

sme da dođe i da uživa u perju. To mu svi radosno obećaše. Tada Bonus pristade da ga povedu. Između kreveta i komoda zablesnuše ga stakleni zidovi. Malo je, doduše, tesno, rekoše dve domaćice, ali za ljubav tako skupocenih sobnih ukrasa čovek se rado skuči. Dvojica muževa svojski su klimali glavama, sve dok ne videše da je Bonus primetio njihovu saglasnost. Verovatno su na svojim radnim mestima, a dve domaćice kod svojih susetki, već ponosno ispričali da sada u stanu raspolažu jednim ukrasom kakav valjda niko u krugu poznanika nikada nije video. Bonus se osmehnu. Mahnu vitrinama kao da su živa bića, zatim se vrati u svoje sobe i napisa jedno pismo. Nekoliko dana kasnije pred kuću dotandrka traktor. Kola koja je vukao bila su dupke natovarena vitrinama, koje su kao i one prve bile prašnjave i poplesnivile. Ovog puta pri čišćenju su pomagala deca obeju porodica. Ali fini rad na perima obavljao je sam Bonus. Međutim, da bi nove komade ikako smestio u svojim sobama, morade svoj sto, stolicu, krevet i orman da postavi na hodnik, tako da je bio prinuđen da od tada ručava i večerava na mračnom hodniku i da noću tu i spava. Roditelji one dece odmahivali su glavama dok su ga pred svojim vratima, jer to je, eto, bio i njihov hodnik, gledali gde leži u krevetu. Nisu ništa govorili, samo su se deca kikotala i svaki čas otvarala vrata da vide da li već spava. Bonus se smeškao. A sutradan, kada su očevi bili na poslu a majke u kupovini, upita decu da li ne žele još koju vitrinu, ima ih dovoljno. Deca se odmah složiše i smesta odvukoše sedam vitrina u svoje sobe. Ovog puta roditelji ne dođoše da mu zahvale; naprotiv, uveče ču kako očevi grde majke, samo prigušenim glasovima, da ih ne čuje Bonus, a majke su plakale i tukle decu, tako da i ona počeše da plaču. Ali kada su roditelji sutradan bili van kuće, deca opet dođoše po vitrine, a Bonus se blago osmehivao i davao im ih. Uveče je onda opet stajao kraj odškrinutih vrata i slušao svađu koja izbi u obe porodice, još žešće nego prethodne večeri. Deca otrpeše grdnju i batine i sutradan opet dođo-

22

še Bonusu moleći ga za ono što im je on tako rado davao. Majke, koje sada zaista nisu mogle da se kreću po svojim sobama, htedoše da nateraju decu da Bonusu vrate sve vitrine. Tada im ona otkazaše poslušnost. Grčevito su se malenim šačicama držala za drvene letve, ostajala gluva za sve prekore i zahteve, pa čak ni batine ne mogoše iole da ih pokrenu. Ali čim bi se majke okrenule, polegala bi celim telima preko vitrina i gledala dole u neshvatljivo perje, tražeći od one što su već umela da čitaju da im stalno čitaju imena ispisana na belim pločicama, ponavljajući ih predano i u horu. Tada je u Bonusovo uvo, dok je osmehnut sluhtio, kroz zidove dozujavalo: Phaeton autherus, Aquila audax, Harpyia destructor... Kada se očevi uveče vratiše kući i zatekoše decu kako u svoj teskobi zuzore latinski, obuze ih velika nedoumica. Na kraju se, kada su deca već ležala u krevetima, otkradoše do Bonusa. Molili su ga da povrati vitrine, oni se, vele, premalo u to razumeju, ni deca ništa ne razumeju, to ih samo zbunjuje i možda štetno utiče na njihov normalan razvoj, pošto su, eto, za samo nekoliko dana prestala da se zanimaju za išta drugo i kao drogirana i mrmljajući nerazumljiva imena visila nad vitrinama; to je ipak znak opasnosti koje u tim sanducima vrebaju tako obične ljude kakvi su, eto, oni. A onda pitanje mesta! Sada, navodno, stvarno ne može više da se diše. Otkad je i poslednji slobodni kvadratni metar žrtvovan vitrinama, nisu više u stanju da se probiju do prozora, a kamo li da ih još otvaraju.

Bonus malenom šakom pređe preko svog mekog belog lica i osmehnu se. Zašto roditelji perje ne mogu da gledaju onako kako to čine on i deca, upita on tada. Dvojica muževa ga ne razumeše i rekoše da će, ako dozvoljava, sada odmah početi da iznose vitrine na hodnik, pa neka se onda vidi. Bonus sleže ramenima. Dvojica muževa se okrenuše, odoše u svoje sobe i latiše se vitrina. Ali tada se pokaza da su deca budna ležala u svojim krevetima, da su donekle samo iščekivala da im neko dirne u svetinje. Već su drečala i kačila s kandžastim prstima o vitrine, a njihova odlučnost da brane te zastakljene sanduke tako im se strašno urezala u malena lica da se majke odmah suprotstaviše svojim muževima moleći ih da dečicu ipak ne razdražuju do ludila. Muževi odustaše. Nisu imali laku noć. A nisu više imali ni lake dane.

U međuvremenu se, naime, po gradu bilo pročulo da se Bonus vratio, pa za nežnog starca opuštenog mladićkog lica počeše da se interesuju najrazličitiji ljudi. Gradske novine, inače uvek suprotnog mišljenja, slagale su se u slučaju Aleksandra Bonusa. Naslovi njihovih lokalnih strana glasili su: „Nema mesta za kulturu?" i „Raspad vrednosti!" A u člancima koji izađoše pod ovim naslovima opisana je sudbina Aleksandra Bonusa: njegov dugogodišnji predratni sakupljački rad, koji je sam finansirao iz ne baš bogatih penzionerskih primanja, njegova namera da tu zbirku zavešta gradskoj višoj školi, njegovo evakuisanje, grubo izmeštanje njegove zbirke, propadanje koje joj je pretilo od vlage i vrućine. Bonusova inicijativa, njegov povratak, njegov požrtvovan rad da spase zbirku, njegov ljubazan i nesebičan pokušaj da zbirku za prvo vreme raspodeli na pozajmne poklone i da je time smesti, sramno nerazumevanje sugrađana, njihovo brutalno postupanje prema Bonusu i sopstvenoj deci, koja su, naravno, i ovog puta dokazala više razumevanja za prave vrednosti nego odrasli! Ako ne postanete kao ova deca... tako nekako su se završavali članci, u kojima se na kraju još apelovalo na grad da stane na kraj ovom nedostojnom stanju, da Bonusa odmah potpomogne izdašnim subvencijama i da mu bar stavi na raspolaganje njegovih šest soba.

Kada Bonus doznade za ova događanja – jer nije on bio pokrenuo sve to, verovatno to uopšte nije bio neki pojedinac, nego nešto poput kulturne savesti celoga građanstva, ili barem onog dela građanstva koji je o sebi mogao da tvrdi da poseduje tu kulturnu savest, on odmah predade dva telegrama. Znao je, sada je došlo vreme da povrati celu zbirku. Iako je ona nedostatnim skladištenjem uveliko bila izgubila vrednost, nije hteo sada da misli na to, morao je prvo opet da ima oko sebe sve, sve komade, celokupnu zbirku.

Predavši telegrame i vrativši se u stan, Bonus susrete one dve žene. One oboriše poglede i pobegoše u svoje sobe. Stide se, pomisli Bonus i osmehnu se. Sigurno su pročitale šta piše u novinama.

Uveče u potpunoj tajnosti stanari počeše opet da vraćaju u svoje sobe sve vitrine koje su protekle noći bili izneli na hodnik. Deci dozvoliše da od Bonusa donesu još vitrina. A kada se pred kućom zaustaviše zaprežna kola koja dovukoše sve preostale komade Bonusove zbirke – a njih je bilo otprilike dvaput više od već dopremljenih, roditelji sedmoro dece nisu prezali ni od prašine ni od truleži, sami se latiše posla, a sa njima i deca, i poneše u sopstvene sobe toliko vitrina da Bonus morade ljubazno da odbija. Ali ubrzo se pokaza da su dve porodice jednostavno previše preuzele na sebe. Danima su se sa mukom i ne žaleći se pentrali između vitrina naslaganih u visoke opasne kule, sve dok se čak i deca ne približiše potpunom klonuću; zatim, da ne bi dalje uznemiravali gospodina Bonusa i savest javnosti, odlučiše da se potajno noću isele i da se negde na periferiji nastane u nekoj baraci za nužan smeštaj, ili – ako nije moglo drukčije – čak napolju. Deca se ni najmanje ne usprotiviše kada ih duboko u noć probudiše, i poče iseljenje.

A Aleksandar Bonus stajao je iza svojih vrata i slušao napolju obazrivo vučenje po podu mnogih nogu.

Na kraju priđe prozoru da pogledom isprati malu družinu roditelja i dece što je, vukući za sobom nekoliko pretovarenih ručnih kolica, nestajala u mraku.

Gospodin Bonbus se okrenu i prisloni opušteno mladićko lice o jednu vitrinu svoje visine u kojoj su bila sačuvana pera morskog orla, zatim sada sasvim bezbojne, mesnate obraze, kao da ih miluje, poče da tare

o drvenu ivicu, pa otvori vitrinu da izvadi jedno gole-
mo crno krilno pero, ali pošto je ono bilo krto, raspade
mu se u belim ručicama. Ipak, gospodin Bonus još te
noći stade svoje brojne vitrine ravnomerno da raspore-
đuje na šest soba.

TEMPLONEOV KRAJ

Gospodin Templone nije bio čovek koji bi čim čuje da se nešto šuška prodao svoju vilu i napustio senovitu otmenu četvrt ugrađenu u šumu da bi potražio skrovište negde u samom gradu, u kakvoj najamnoj zgradi sa stotinu prozora. Pa, da je u Bernau upala neka sasvim nova i otrovna vrsta insekata, da su se u mahovinastom šumskom tlu na kojem je četvrt bila sagrađena nastanile neke zle životinje što razrivaju zemlju, koje su mogle da unište sve korenje, podrivaju kuće i da ih time dovode do pada, da su u pitanju bili razlozi te vrste, i gospodin Templone, koji je svoj imetak stekao zemljišnim špekulacijama, bi verovatno pomišljao na prodaju. Ali možda bi čak još i tada prihvatio borbu da bi savladao gamad, pokušao da svoj posed odbrani od tog napada iz zemlje i sa drveća.

Opasnosti koje su trenutno, izgleda, ugrožavale četvrt sa vilama bile su druge vrste, možda su bile gore od najotrovnijih insekata, možda su bile mnogo, mnogo bezazlenije; okolnost da se to nije tačno znalo predstavljala je možda najveće zlo.

Kada je gospodin Templone pred rat stekao svoj posed u Bernauu, mogao je imati osećaj da je obavio veoma srećnu kupovinu. Sa susedima su on i njegova ćerka Klara živeli u najboljoj slozi. Slavili su svečanosti, redovono su posećivali ne preterujući u društvenosti. Ali posle rata mnoge kuće promeniše vlasnike, zidovi između pojedinih parcela kao da su iz godine u godinu izrastali viši, a šta se događalo iza komšijskih zidova,

27

gospodin Templone nije više znao. Slutio je da se novi vlasnici, koji su posle rata kupujući zemljište ušli u četvrt, koji su tu i tamo svojim novogradnjama i kupovinama razdvojili i razorili stara susedstva, međusobno živahno druže; slavili su više svečanosti nego što su ranije slavili on i njegovi poznanici.

I zar nisu svi ličili jedni na druge kao da su svi jedni sa drugima u srodstvu? Ili su čak pripadali nekoj sekti, sekti koja je planirla da za svoje članove osvoji ceo Bernau?

Što se Templone više osamljivao, to je oštrije posmatrao. Često je iz večeri u veče ležao iza svojih zidova, osluškivao u tuđe vrtove i pokušavao da razazna šta se tamo govori, zašto se tamo tako prodorno i glasno smeju. To što su se, naime, smejali veoma glasno, ali govorili veoma tiho, snažilo je gospodina Templonea u njegovim slutnjama da se priprema nešto što je upereneo protiv njega, protiv svih vlasnika koji su još bili preostali iz vremena pre rata. Gospodin Templone odluči da brani svoju kćer, sebe i svoj posed. Prvo pokuša da ujedini starosedeoce; valjalo je da svaki svojim potpisom obeća crno na belo da svoj posed neće prodati bez pristanka ostalih, bez odobrenja svih meštana nijednom tuđinu nije trebalo dopustiti da se kupovinom odomaći u četvrti. Ali vremena posle rata bila su tako pometena i tako puna nepredvidivih događaja da je ovaj ili onaj navrat-nanos morao da prodaje ne mogavši više da se drži nekog obećanja. A Templone nije imao moć da nekoga nagna da održi obećanje. Jedan po jedan se selio, sva Temploneova preklinjanja ostajala su bezuspešna. Prebacivali su mu egoizam, govorili mu u lice da svako u državi ima slobodu da se kreće kuda hoće, preporučivali mu da i on proda svoj posed, niko ga ne tera da ostane ovde. Ali Templone je bio mišljenja da četvrt mora da se čuva, jer ipak je postalo očigledno da novi kupci duvaju u istu tikvu, da je verovatno neka organizacija na delu da planski osvoji otmenu četvrt Bernau, čak neka strana organizacija, ili neprijateljska prema državi! A tu, veli, ne sme da se uzmiče, da se propušta, posedovanje zemljišta obavezuje na ostanak! Uzalud, uzalud! Jedan po jedan je prodavao. A kada se čak proneo glas da prodaja više ne ide tako glatko, da su se izvesni kupci drsko i bestidno pozivali na to da je ova četvrt u izvesnoj meri izgubljena četvrt, da oni tačno znaju koliko je vlasnicima vila stalo da odu odavde, i čak se navodno desilo da je neki kupac glasno se smejući ustao iza nekih pregovora, napustio kuću sa povikom da će za dogledno vreme tu vilu moći da ima i džabe, bez i jednog pfeniga, tada su se mnogi vlasnici vila pobrinuli još samo da deluju sami za sebe i da, ne obaveštavajući susede, prodaju što brže mogu. Čak se više nije išlo ni u oproštajne posete. Jednog jutra primetilo bi se da su se u susednoj vili pojavila nova lica, tada bi se znalo da je neko opet prodao. Neki su oglašavali u velikim stranim novinama, jer bojali su se da se na domaćem tržištu nekretnina već razglasilo kako se u Bernauu vile prodaju u bescenje. Ali trojicu, četvoricu vlasnika Templone je još uvek bio u stanju da zadrži! Posle svega im je dokazao da je panično raspoloženje što se širilo Bernauom verovatno samo ujdurma neke velike firme za nekretnine koja je na ovaj način htela da pokupuje celu četvrt po bagatelnim cenama. Templone nije verova u sve što je iznosio prijateljima. Ni njemu nije bilo sasvim prijatno da živi u kući koja, ako bi hteo da je proda, nije više imala vrednosti. On i njegovi prijatelji bilu su isuviše navikli da se prijatnosti njihovog života u vilama, da se njihova samosvest i njihova sigurnost u krajnjoj liniji zasnivaju na činjenici da žive na posedima od vrednosti, na skupom zemljištu, skupom ne samo za prodaju, nego skupom i da se na njemu živi.

I tako se u svakom vlasničkom mozgu vodila ljuta bitka, pa su bili potrebni veliki napori da se održi radost zbog vile i vrta kada se znalo da sve svakim danom biva bezvrednije. Templone je govore prijateljima uvek završavao rečenicom: „Pa, kada bi se vazduh pogoršao, kada bi cveće izgubilo boje, jele zelenilo, a zidovi počeli da se krune, tada bi bilo krajnje vreme da se prodaje. Ali šta cveće, jele i zidovi haju za cene zemljišta? Baš ništa! Zato ćemo mi činiti isto i uživati u svom posedu ne misleći na brojke špekulanata."

Pošto su njegovi prijatelji znali da je Templone svoj imetak stekao zemljišnim špekulacijama, verovali su mu i privremeno još ostajali u Bernauu, ali su nove susede izbegavali namerno i planski kao da su oni sve sami gubavci.

Templone se brinuo da se češće međusobno sreću, da proslavljaju, muziciraju i načelno produbljuju stara prijateljstva. Kći Klara, tiha, nežna tridesetosmogodišnja gospođica, podržavala ga je u svim njegovim poduhvatima. Oboje su godinama vodili posve povučen život; bile su se razvile postojane, naizgled sasvim neoborive navike. Otac i kćer viđali su se samo dvaput dnevno, za doručkom i za ručkom, potom je svako polazio svojim putem koji ga je vodio kroz celu kuću, ali tako da im se putevi toga dana nisu više ukrštali. Templone je običavao da ustane iza ručka, promrmlja u servijetu neki pozdrav i istovremeno stolicu na kojoj je sedeo sasvim primakne stolu; zatim je odlazio u biblioteku da prelistava tomove starih novina. Biblioteka mu se sastojala isključivo od uvezanih novina poslednjih pedeset godina. Bio je počeo da još jednom prorađuje te novine počev od prvog godišta; pre svega stranice na kojima su se nalazili privredni izveštaji. Ćerka Klara je znala da će joj otac uz novine ostati dva sata. Imala je, dakle, dva sata vremena da hoda po vrtu ne izlažući se opasnosti da naiđe na oca. Dugačkim koracima bi preko zadnje terase izašla u vrt, pa pravom linijom ukoso preko livade do prve rondele sa cvećem; tu bi se naprečac zaustavila kao da to cveće vidi prvi put, nagnula bi se nad cvetove, ili, ako je bila jesen i zima, stavila šaku na ogolele loze i grančice i izdigla glavu da se mršavi vrat protezao daleko iz skromnog okovratnika; dugo bi tako stajala, osmehivala se kao da se seća i svakog sekunda imala na umu da mora da se ponaša ozbiljno, jer možda je neko posmatra; uvek je imala osećaj da je posmatraju preko nekog zida ili kroz razmak u zavesi. Bez tog osećaja ne bi mogla da živi; oči što je neprestano posmatraju za nju su bile postale obaveza da se ponaša smisaono. Bojažljivo je nastojala da je njeni posmatrači u svakom trenutku razumeju, jer nije htela da izgubi posmatrače; da nije više imala osećaj da je neko uvek gleda, osama bi se sa visokih tavanica vile, sa tamnih hodničkih zidova i sa sasušenog starog drveća sručila na nju i ugušila je, zadavila, odmah ubila. Samo otac nije želela da je vidi. On bi možda postavljao pitanja. Možda bi mu se njeno ponašanje čak učinilo čudnim.

Kada bi gospodin Templone pročitao svoje novine – što je on, uostalom, obavljao sa istim pohlepnim interesovanjem kao da su novine upravo toga prepodneva stigle u kuću, kada bi to svršio, obmotao bi šal od mohera i othodao u istočno krilo svoje vile, pohodio sobu za sobom, proveravao prozore, osvetljenje, brave na ormanima i sadržinu mnoštva fioka. A Klara bi kroz jedna uska suterenska vrata promakla u zapadno krilo sivožute zgrade, prolazila je poslujući kroz hodnike i sobe što su se nalazili u ovovm delu kuće; imala je u svakoj sobi nekakva posla, a znala je da svakom svom poslu da privid neophodnosti. Jednog dana bi u svim sobama poskidala sa zidova sve slike i povešala ih u drugim sobama. A pošto su slike imale veoma različite dimenzije i pošto su tapete na mestima na kojima su visile slike još bile mnogo svežije boje, sutradan bi odmah videla ako bi neka mala slika visila u većem pravougaoniku na svežoj tapeti, videla bi, dakle, da neminovno i odmah mora opet da koriguje. Tada bi živahnula i uzbuđeno skakala tamo-amo među sobama sve dok sve slike ne bi opet visile na pravom mestu. Utom bi većinom već bio sumrak. To je bio čas kada bi njoj pripadala cela kuća, jer otac je u predvečerje posećivao vrt. Klara je to vreme koristila za iznenađujuće posete uzduž i popreko po celoj kući. Ponašala se kao da želi da umakne svojim posmatračima, ali kada god bi smela da pretpostavi da se sada otresla svih gonilaca, čeknula bi usred nekog dugog hodnika, upalila sva svetla i glasnim pevanjem posmatrača opet navodila na svoj trag. Ako bi tada čula oca kako preko zadnje terase ulazi u kuću, hitro bi odbegla u sopstveni stan što se sastojao od tri sobe, sa kuhinjom i kupatilom. Hitro bi pozaključavala sve prilaze, svukla se i okupala jer se na svom putešestviju kroz mnoštvo soba u kojima se gnezdila prošlost skroz-naskor bila prekrila paučinom i prašinom. Kupanje je otezala do duboko u noć, jer imala je osećaj da valja zasititi čitave galerije posmatrača. Samo bi praznicima Klara uveče još jednom sišla dole do oca, sela pored njega, spremna da od njega primi ovu ili onu mrazovitu nežnost.

Tako su njih dvoje blago i ravnomerno cirkulisali kroz svoju veliku kuću poput struja nekog parnog grejanja. Ali kada se unaokolo pojaviše novi susedi, sve se izmeni. Temploneu je kćer bila potrebna. A Klara oca ne ostavi na cedilu. Svoju do tada zamršenu kosu vezala je u strog čvor, obukla toplije donje rublje i na klaviru svirala brze marševe. Najpre postaviše osmatračnice što su sezale na sve strane. Brižljivo namontiraše durbine, drapiraše ih zavesama, radi kamuflaže ih okružiše bezazlenim ptičjim kavezima, saksijama, jelenjim rogovima, čivilucima i izbledelim goblenima. Naizmenično su sada čuvali stražu, trčali od durbina do durbina da upoznaju navike i tajne novih suseda kako bi bili pripravni za sva iznenađenja koja su mogla da se dogode s one strane njihovih baštenskih zidova. A uveče bi se gospodin Templone zgurivši se, vukući za sobom za ruku ćerku, odšunjao do baštenskog zida, širio je, prema planu koji je sam nacrtao, svetlucavi trag staklenih krhotina po vencu zida, sejao gvozdene kuke i oštre limene odreske i pribijao svoje i ćerkino uvo uz grubu zidinu da bi iz bruja reči i glasnog praskanja u smeh s one strane zida izvlačio svoje zaključke. A gospodin Templone je – što bi ranije uvek odbijao – čak primio podstanara,

32

prepustio mu ceo jedan sprat u zapadnom krilu vile, uostalom uz smešno malu stanarinu, samo zato što je želeo da dâ primer kako čovek mora da se vlada ovih dana; profesor Prijam, taj novi podstanar, bio je naime neka vrsta žrtve onih događaja koji su tako grdno uznemirili gospodina Templonea. Decenijama je stanovao u nekoj vili koja nije pripadala njemu. Ali je vlasnik, koji je najveći deo vremena boravio u inostranstvu, verovatno od svog upravnika doznao kako u Bernauu stoji sa cenama zemljišta i vila i nije znao da učini ništa bolje nego da na brzinu proda ceo svoj posed. Profesor Prijam dugo je vlasniku slao rukom pisana pisma, adresirao ih je na hotele u kojima je vlasnik, prema svemu što se čulo, upravo boravio, nije zaboravljao ni belešku „Ako je otputovao, molim poslati za njim", ali bilo da je onaj gospodin od hotela do hotela putovao brzinom koju pošta nije više mogla da dostigne, bilo da uopšte nije hteo da odgovara – u svakom slučaju, profesor ni na jednu od svojih pritužbi nije dobio odgovor. Morao je da napusti vilu. Tu se umešao Templone i primio kod sebe profesora i njegovih jedanaest hiljada knjiga i njegove svežnjeve izbledele hartije, a i domaćicu što je ličila na krepalu grabljivicu. Profesor Prijam, koji tokom poslednjih godina jedva da je imao vremena da digne pogled sa svojih hartija, odmah se u vili Templone opet lati svojih naučnih radova. Ali gospodinu Temploneu uspe da starog profesora jednom tokom dva noćna sata odvoji od njegovih hartija i da ga upozori na opasnosti što su unaokolo pretile. Profesor se doduše smejuljio sa dubine od jednog veka, ali ipak obeća da će gospodina Templonea jednom pratiti na njegovom izviđačkom pohodu do baštenskog zida. Kada su Klara i njen otac stalno navaljivali da to učini, zaista se jedne večeri i on sa njima prikrade zidu, ali pošto nije bio navikao na neravno baštensko tlo, nekoliko puta tako nezgodno pade da ne stiže do zida; uz pomoć domaćice moraše, dok im je kukajući i jedva još dišući ležao na rukama, da ga odnesu gore u njegovu radnu sobicu, moraše da ga previju,

33

da mu bandažiraju opako oguljene krhke udove i da ga, po njegovoj tvrdoglavoj želji, odmah opet posade za pisaći sto, gde istog trena opet poče i da se osmehuje, a odmah zatim zamoli da ga, molim, više ne ometaju jer mora da radi na poslednjoj glavi treće knjige svoje Istorije vandalskih pohoda. A tada domaćica već poče da isteruje Templonea i Klaru, na vratima još zašišta za njima. Templone je bio razočaran, još tešnje se poveza sa ćerkom Klarom i sa svoja dva poslednja prijatelja poče da priređuje redovne sedeljke na koje je i profesora Prijama na silu izvlačio iz njegovih hartija. Temploneovi prijatelji bili su stara gospoda kao i on sam, otromboljeni, lica boranjem izobličenih u stalno cerenje; ali Templone nije poput njih nosio ubalavljene prsluke i mrljave pantalone, imao je i nežniju kožu i bio lepši od njih, jer nije dugo bio oženjen, dok su oni na svaku sedeljku još dovodili svoje žene, stara bića upakovana u bledunjave riševe i karnere, ravnih sitnih tela nepravilno uvezanih beskrajnim niskama bisera. Viši medicinski savetnik jedan, a drugi: administrtivni savetnik i bivši kamerni pevač. Klara bi morala da sedne za klavir, adminstrativni savetnik i kamerni pevač morao bi da stane pored njega, svi drugi imali bi svoje stolice da okrenu ka centru muzike, da čaše drže pred licem, da izuste „prosit" i da onda predano slušaju ono što su još nudile izmaltretirane glasne žice adminstrativnog savetnika i kamernog pevača uz drečavu i nametljivu Klarinu pratnju. Gospodin Templone inscenirao je te sedeljke što je moguće bučnije, uz to je još širom otvarao prozore i vrata, jer pridavao je vrednost tome da novi susedi s one strane baštenskih zidova čuju da je i kod njega još sve veselo i bučno, da su i u kućama starosedelaca još razuzdani i puni volje za životom, što je znak da su još daleko od pomisli na predaju. Zato je nežno građeni finansijer Templone, koji je celog svog života bio tih čovek što se smejulji, sada pred svim gostima pričao najsmelije priče koje je iz starih novina izabrao posebno u ovu svrhu; a ako smeh, lomni diskant dveju starih dama, kreštanje profesorove domaćice – nikada ranije jednu takvu osobu ne bi podnosio u svom salonu, sada mu je čisto radi pojačanja buke kao piskav instument bila upravo dobrodošla –, zatim kašljucavi basovi njegova dva prijatelja, slabački profesorov glasić i tvrdi grleni ćerkin glas, ako ti združeni glasovi ne bi bili dovoljni da veselost njegovog doma učine čujnom još u susedstvu, smogao bi snage da posle svojih priča i sam prasne u oštar zaglušujući smeh što mu je, nadolazeći i splašnjavajući, kuljao iz usta sve dok je u plućima imao bar i malčice vazduha. Razumljivo je da ga je to veoma naprezalo. I stideo se, jer u dnu duše bilo mu je strano da se tako vlada – ali nije se usuđivao da gostima saopšti smisao ovih sedeljki, svrhu svog sopstvenog, često bolno preteranog držanja. Želeo je da dokaže da je još uvek bilo uživanje živeti u Bernauu.

Sa užasom je primećivao da ćerka Klara pri tom počinje da se rascvetava na čudnovat način. Pila je na tim druženjima više od svih ostalih, zapevala bi sa kamernim pevačem kada je trebalo da ga prati, i što je bilo mnogo, mnogo gore, poče da se udvara starom profesoru Prijamu, a što je bilo najgore, ovaj je izlazio u susret njenim udvaranjima, flertovao sa njom na jedan način da gospodinu Temploneu krv u žilama poteče unazad. Ali ipak je morao da bude zahvalan što je Klara bila glasnija nego ikada ranije, što je slabački profesorov glasić zbog ovog poznog erotskog proleća tako zacijukao da je daleko izvan baštenskog zida svedočio o životnoj radosti starosedelaca, a do toga je Temploneu, vojskovođi ove bitke, bilo stalo. Ali što su Klara i profesor bivali glasniji, to su ostali bivali tiši, zgledali su se i ćutali, gledali u Templonea, a on je crveneo. Dođe čak i dotle da se Klara i profesor uopšte nisu više pojavljivali na sedeljkama, isključiše domaćicu, preporučiše joj da se ubuduće stara o Temploneovom domaćinstvu, Klara će zauvek ostati kod profesora Prijama. Kada sam Templone zakuca na vrata, a zatim zadrma i zalupa, odgovoriše mu iznutra najnepristojnijim glasovima. Sa ta-

ko neuvijenom bestidnošću odavali su kroz vrata šta ra-
de da Templone ponovo pocrvene, siđe u svoju bibliote-
ku, posla goste kući i na rastanku im još reče neka čine
šta hoće, prodaju ili ne prodaju, ni on više ne zna šta da
se radi.

Ali kada gosti odoše, on se još jednom pribra. Odveze
se u grad i kupi gramofon i pun kofer ploča sa snimlje-
nom bukom. Njih je sada bez pauze puštao, pri otvore-
nim prozorima i vratima. S vremena na vreme provera-
vao je sa svojih osmatračnica kako susedi reaguju na
ploče sa bukom. Puštao je „Vrevu glasova", „Pozorišni
aplauz", „Dečji vrtić", „Školsko dvorište" i čak „Fud-
balsko igralište". Ali susedi nisu na to reagovali. Igrali
su još uvek bezbrižno stoni tenis, ležali u drečavim le-
žaljkama, šaputali i smejali se i nisu hajali za nejga.
Templone nije popuštao, sada je bio navikao da od jutra
do mraka pušta ploče sa bukom već da ne bi morao da
sluša šumove koje su profesor i Klara proizvodili na
spratu iznad njega pri širom otvorenim prozorima.

Ponekad, kada svojim drhtavim rukama ne bi bio u
stanju da stavi iglu na ploču, kada bi ona opet i opet
promašila rub ploče i procepila velur diska, kada bi mo-
rao da prizove domaćicu mada su njene ruke pune mr-
tvih kostiju stalno zatajivala, on bi se zavalio u fotelju i
sanjao da je u nedeljnom izdanju, „Njujork Tajmsa" dao
oglas na celoj strani, ali tako šifrovan da ona organiza-
cija što je, po njegovom mišljenju, radila na osvajanju
Bernaua nije mogla da primeti da se ovde nudi jedan
bernauski posed. Zatim je sanjao da će doći gospodin,
možda po imenu mister Beri, četrdesetogodišnjak tako
upadiljive vitkosti da je Templone odmah uvideo: to je
bio biznismen kakav on nije bio ni u svoja najbolja vre-
mena.

Za trenutak će on, Templone, tada klonuti, baciće
pred gospodina Berija svoju vilu, jer nije se više osećao
doraslim trgovioni sa takvim jednim mešetarem što bli-
sta od snage; a Beri će instinktivno navaliti i u pravom
trenutku će sa tigrovskim njuhom velikog biznismena

zabijati svoje sjajno formulisane rečenice u bespomoćne uši staroga Templonea, verovatno će mu izgovor biti stranački i zaluđujući, dok se onda odjednom ne zasmeje... Templonea bi san na ovom mestu uzbudio, zaustavio mu dah, šta je to rekao mister Beri: molim vas, nemojte umreti baš u ovom trenutku, gospodine Templone, doputovao sam da vas vidim, vas, poslednjeg od starosedelaca, najupornijeg. Mnogo su mi pričali o vašim dirljivim pokušajima, da, ja sam šef društva koje kupuje Bernau, da, gospodine Templone, često sam morao baš da vam se smejem, ali i divio sam se cirkusu koji ste izvodili da biste bili poslednji. Čovek poput Templonea prodaje samo kao prvi ili kao poslednji. Isprva se dobijala dobra cena, onda je pošlo nizbrdo, jedina šansa bila je da se bude poslednji, to stručnjak Temploneovog ranga zna, zna da društvo neće moći da čeka čitavu večnost, da će moći da počne da ostvaruje svoje planove u Bernauu tek kada i Templone bude prodao, poslednjem će, dakle, dobro platiti. Pametno smišljeno, Templone! Ali društvo je, eto, znalo da je Templone stručnjak, da njemu ne može da se doskoči sitnim pritiscima kojima su podlegli drugi, noću zaustavljati kamioni pred kućom, farovi koji opipavaju fasade, lom metala i smeh iza visokih zidova, to ne pali kod Templonea, Templonea čovek mora da ostavi na miru, jer čovek poput Templonea može da uništi samo sam sebe, dotle smo, dakle, stigli, zar ne, gospodine Templone...

Templone se iz takvih snova uvek budio potpuno iscrpen, jedva još sposoban da se dovuče do prozora da vidi da li ipak napolju ne stoji neki gospodin koji želi da razgovara sa njim, možda neki mister Beri. Ali niko sa njim nije želeo da razgovara. Nijedna reč ne bi više progovorena u Temploneovoj kući. Bili su prestali i šumovi u sobi profesora Prijama. Možda se bio rastao od Klare da bi nastavio da piše četvrti tom svoje Istorije vandalskih pohoda. Možda su on i Klara postali žrtve prašine, pauka, nereda svoje postelje ili čak sopstvene pohote. Ni domaćica nije više radila za Templonea. Ostajala je u krevetu i nožnim prstima neprestano dobovala po drvenoj tabli kreveta. On to uskoro nije više čuo. Utonuo je u jedan ugao svoje biblioteke: dok je nešto tražio u nekoj fioci, na njega je pao jedan od velikih, teških novinskih tomova, ogromna knjiga bila se otvorila, sabila mu glavu i potiljak na odavno neočišćeni tepih, Templone je, naprežući se da se digne, bio zinuo, otvorenih usta se opet srušio na tepih, još je osetio kako ju u usnu duplju prodiru dlake, prašina i vlakna, suvi, oštri i ubojiti, onda se nije više branio, ostao je da leži pod velikom teškom knjigom, očima je opet i opet opipavao mesto na tepihu koje je još mogao da vidi sve dok ništa više nije video i ništa više osećao.

Kasnije naiđe gasar, koji, eto, mora da ubira svoj mesečni prihod, i odmah dovede susede sleva i zdesna. Ovi sve pogledaše i pobrinuše se za sahranu starog gospodina što je živeo među njima, nerazumljiv poput stene. Ali nisu mu zlopamtili što ih nikada nije pozdravljao kada bi ga sreli.

NAPAD NA PERDUC

Voz za Perduc stajao je na poslednjem, već ne više, natkrivenom peronu glavne stanice. Taj peron i nije poput drugih počinjao odmah iza ulaza, nego napolju iza magacina i starih pragova naslaganih u velike blokove, okružen brdima uglja za lokomotive, među kolosecima, toliko udaljen od ulaza da bi veliki vozovi koji su saobraćali u omiljenijim pravcima bili postigli skoro punu brzinu kada bi promakli pored nas što smo zebući, izloženi gustom padanju vodenog snega, stajali na čak još nebetoniranom peronu sedamnaest i čekali gospodina Groskurta. Kada je bilo sedam i petnaest, nabrojao sam šestoricu gospode što su hodali gore-dole pored četiri stara putnička i tri teretna vagona. To su, dakle, bile moje kolege. Srećom nam je, kada je jedan od njih sam počeo da se predstavlja i upravo se spremao da to zatraži i od svih ostalih – mučna akcija tako rano u zimsko jutro, na otvorenom, po gustom snegu, kada od svih šestorice još nijedan ne poznaje drugog, pa nijedan sa odlučnom spretnošću ne može da unese reda u mnogostruko predstavljanje – srećom nam je u tom trenutku prišao neki gospodin, u stvari jedna nadasve voluminozna medvedina je dvema kratkim ručicama veslala kroz sneg, i to je bio gospodin Groskurt, koji nas je hitro prebrojao i komandovao nam, upola ozbiljnim, upola samo šaljivo podražavanim naredničkim glasom, da uđemo u prvi vagon voza za Perduc.

Gospodin Groskurt obezbedio je svojim kratkim ručicama i jakim glasom sedišta za sve nas, čak smo svi sedeli zajedno. Putnici koji putuju prema Perducu ne pružaju otpor ako se pred njima ukaže takav jedan krupan gospodin, u nekoj vrsti bunde i sa krutim šeširom obrubljenim svilom, spusti im šaku na rame i zamoli ih – imitirajući pri tom njihov dijalekt – da sednu na neku drugu klupu na onoj strani vagona.

Skrušeno su izgledali svi koji su morali da putuju ovim vozom. Postarije devojke što su svoje velike šake držale sklopljene nad raskvašenim kartonskim kutijama i oguljenim koferčićima i neki mlad sveštenik, od kojeg se na prozoru voza opraštala njegova majka kao da će ga za svagda izgubiti kada lokomotiva što je, zgurena i sitna i u ubogom tmastom crnilu, poput babe napuštene od sve unučadi, stajala pred vozom i u početku samo slabačko dahtala, kada ona najzad jednom povuče i voz i njenog sina otegli sa sobom u zimsku pustoš, gore u planine.

Gospodin Groskurt razavio je spisak i prozivao naša imena. Mene je merkao naročito naglašeno prateći pri tom pokrete očiju celom svojom glavom kao da olovkom koju je stiskao među usnama mora da mi ocrta obrise.

Rekao je: Ovo je vaša prva tura? Svi su sada gledali u mene. Da, rekao sam. Zatim nas je podelio na pojedina mesta koja se nalaze na pruzi za Perduc. Trebalo je da ja putujem sve do Perduca. To je, veli, krajnja stanica, a i najmanje i najsiromašnije od svih sela na pruzi, ko tamo putuje, izgubi najviše vremena u vozu, ali ja sam jedini koji nije oženjen, a i jedini početnik, od mene najpre sme da zatraži da idem u Perduc; a zatim je ta selendra još i povoljna baš za nekog početnika, jer nalazi se tako daleko, kako je rekao: „bogu za leđima", da ljudi tamo nipošto nisu razmaženi i u ophođenju sa zastupnicima nemaju gotovo nikakvog iskustva.

Tu imate lakši posao nego u bilo kojoj drugoj selendri, rekao je gospodin Groskurt. Takođe su muškarci u ovo doba godine većinom na seči drva u planini, ima se, dakle, posla samo sa ženama i starcima, a njima prodati koji Gutemanov budilnik, to mora biti moguće i za početnika.

Zatim se gospodin Groskurt okanuo mene i počeo glasan razgovor sa celim vagonom. I moje kolege su ga svojski sledile. Razmetali su se svojim zastupničkim iskustvima i dovikivali putujućoj seljačiji da njima niko ne može da odoli, ni muško ni žensko, niko, sasvim svejedno sa kojim artiklom dolazili! Svaki je, a pre svega sam gospodin Groskurt, potkrepljivao neodoljivost u svom pozivu obiljem rečitih primera. Muškarci među saputnicima, možda drvoseče, ili opštinski pisari što su u grad došli po formulare, možda i ispomagači što su radili u gradu dok su dopuštale vremenske prilike, protivrečili su, davali protivprimere, kazivali koliko su zastupnika već izbacili iz kuće i da njima niko ne može ništa da utrapi! Devojke su se kikotale, mladi sveštenik sluhtio je kao da sluša neko nadasve učeno predavanje čije mu razumevanje pričinjava veliki napor.

Postepeno se voz zatim praznio. Nadajmo se da je to osećala i lokomotiva, jer nije joj bilo lako sa ovih nekoliko jogunastih i ćoškastih vagona, koje je tu teglila kroz sve hladnije zimsko jutro.

Do sada je Groskurt najzad sve kolege bio ispratio u njihova mesta, svakome je preko svih klupa doviknuo srećan lov, a sa uzdignutim, prstenovanim kažiprstom još i rečenicu: Neka gospodin kolega ima na umu da je čast putovati sa Groskurtovom ekipom nudeći Gutemanove budilnike, i te časti svako mora da se pokaže dostojan, to jest: sa manje od deset narudžbina neće večeras da vidi nijednog, toga uopšte neće ni pustiti u voz.

Kada je i sam izašao u Šarnsu, pretposlednjem mestu, potapšao me je po ramenu kao mlađeg brata, smandrljao mi u uvo još nekoliko reklamnih poruka za Gutemanove budilnike – kao što je uopšte sve što bi rekao bilo nošeno melodijom tih reklamnih poruka i doslovno prožeto samim tim reklamnim porukama – i zatim prisno migajući rekao: Za prvi put dovoljno je i osam. A

41

sa vojničkim gnevom, koji je manjim delom bio od-glumljen: Ali nijedan manje od osam.

Kada sam izašao u Perducu, napustio sam voz kao voljeni zavičaj. Uskotračni vagoni sa svojim sleđenim bokovima, svojim isuviše uspravnim sklopom i široko nadilazećim, skoro krhkim krovovima činili su mi se sada mnogo dražesnijim, mnogo prijaznijim od nedogledno dugih, dobro federiranih i perfektnih čeličnih kolosa. Ah i bakinska lokomotiva, koja sada čak kao da se malčice sijala, možda od napora, a i od gordosti, što je opet jednom uspela, što je verovatno zaprepašćivalo nju samu baš kao i najumnije inženjere. Iz vitkog, levkastog dimnjaka izbacivala je u vazduh svetle oblačiće pare lake poput lopti, radosno ushićeno disanje jedne stare dame koja je opet jednom pokazala mladima.

Mesto Perduc, kažu, daleko je pola sata hoda od stanice Perduc! Ide se stalno dupke uzbrdo.

Ovo pešačenje biće najlepši deo zadatka koji mi je ovde bio postavljen, znao sam to. Na ono drugo nisam hteo da mislim. Čast što pripadam Groskurtovoj ekipi ništa mi nije olakšavala. Ne misliti na to. Poći u selo kao u posetu. Otići na izlet. Možda će me na putu neko pitati za tačno vreme, to bi bila nadovezna tačka. Ili će ljudi osetiti nešto i pitati da li ne znam kako najbrže može da se dođe do Gutemanovog budilnika.

Moje lepe pomisli na Perduc remetio je neki starac koji je dahtao idući za mnom i više puta viknuo gospodine, gospodine... O kaišu što je prelazio preko levog ramena i ukoso preko grudi landarao mu je pred kolenima kofer i ometao ga u hodu; uzalud je pokušavao da kofer odagna na stranu kako bi oslobodio noge. Tek kada je rukama savijenim u laktovima odigao kofer – napor koji je morao da plati dugim predahom – uspelo mu je da ga za nekoliko koraka ukroti pod desnim pazuhom; ali baš samo za nekoliko koraka, zatim se teret opet sručio napred i on se, poput stegonoše koji neprestano pada, poslednjim koracima doteturao do mene.

Video sam ga još u vozu, bio je jedini putnik koji je sa mnom putovao do Perduca.

Ponudio sam mu pomoć. Zagledao se u mene. Da progovori nije još mogao, toliko se zadihao. Zatim mi je stavio do znanja da treba da usporim. On, veli, ima preimućstvo. Podlo je od mene, toliko mlađeg, što se sa njim utrkujem da bih ga još pre početka borbe izbacio iz stroja. On ima bar pravo da se istovremeno sa mnom nađe u Perducu. To što sam od same stanice jednim tako ubitačnim tempom bežao od njega, samo zato što sam ja onaj mlađi i umesto teškog kofera imam da nosim aktentašnu sa jednim budilnikom i nekoliko papirića, pokazalo mu je kakav sam grubijan, čovek koji od dobrih manira jednog putujućeg trgovca nije usvojio ama baš ni ič, čovek koji samo juri, beleži narudžbine, lakta se oko sebe, beleži narudžibne, narudžbine, ništa sem narudžbina, sasvim svejedno koga će time ruinirati i unesrećiti. Takvi su, eto, mladi zastupnici što danas putuju sa ovim, a sutra sa onim artiklom. Oni su takođe ti koji su kod mušterija ozloglasili celo zanimanje, jer misle samo na svoj profit i pri tom ne prezaju ni od jednog sredstva.

Starac je bio razvezao kravatu, šešir gurnuo za potiljak i otkopčao kaiš da bi se za trenutak oslobodio tereta. Sada je sedeo preda mnom na uglu svoga kofera, gledao u sneg i tiho cvileo. Konkurent, dakle. Bilo mi ga je žao. Verovatno je bio izabrao neko sasvim drugo mesto, ali mora da je onda i on saslušao plan ekipe gospodina Groskurta – pa o svemu se govorilo dovoljno glasno – i možda je pomislio: sada ostaje još samo Perduc, sa ovim početnikom biće najlakše raditi.

Pošto mi je postalo mučno nerazumljivo cviljenje što mu je zajedno sa slinom curilo iz usta, upitao sam tek da nešto kažem da li i on zastupa samo budilnike. Budilnike, budilnike, okomi se on na mene. Za trideset tri godine samo je četiri puta promenio artikal, a sa gumenim keceljama putuje sada već sedam godina. Ah tako, gumene kecelje, pa onda o konkurenciji uopšte ne

43

može biti reči! Kome treba budilnik, ne treba mu gumena kecelja, i obrnuto... Treba! vikao je sada, kao da bilo kome još šta treba! Ljudi imaju sve, više nego sve! Ne treba im ništa, ama baš ništa! Mora čovek da ih ubeđuje za svaku pribadaču, svako dugme. Prođu godine dok nekom opet nešto ne utrapiš. Prođu godine. A ako neki pristane da kupi budilnik, taj za deset godina neće više kupiti nijednu gumenu kecelju.

Hteo sam da ga ohrabrim, ali ništa mi nije padalo na pamet. Tada sam rekao da prvo moramo da stignemo u Perduc. Ponudio sam mu da nosim kofer. Sumnjičavao me je pogledao i rekao da on ne naseda tako lako, stari je lisac i, kao što je rečeno, radi ovo trideset tri godine. Pošto sam mu onda sa mnogo reči dokazao da time još neću moći ništa da učinim protiv njega, poneli smo kofer udvoje gore u Perduc.

Jedva da smo stigli do prve kuće, a već smo stajali usred mesta. Zbijene jedna nad drugom, a ogrnute jednim jedinim snežnim pokrivačem, kuće u Perducu stajale su u polukrugu oko jedne uvale, koja je valjda bila seoski trg. Da li su to u čemu su ljudi ovde stanovali bile kuće, ne bih čak mogao ni da kažem sigurno. Mogle su biti i snežne pećine, iglui ili druge prirodne građevine. Zabati su se jedva videli, krovovi već uopšte ne, tu i tamo nekoliko tankih dimova što su se vili ka padini nigde se ne mešajući. Čak se nisu čuli ni dečji povici. Starac me je podrugljivo gledao. Setio sam se reklamnih poruka gospodina Groskurta. Osam narudžbina, rekao je! Ali i za gumene kecelje slutio sam u ovom selu malo interesovanja. Starac je već opet sedeo na uglu svoga kofera. Izgledao je posve zadovoljno. Trebalo bi prvo da odemo u gostionicu, rekao je i već ustajao. Kofer mi više nije dao ni da dotaknem. Kao da mu je jedina briga bila da posle mene stigne u Perduc. Sada mu se dah smirio, nije više treptao, a kofer je nosio kao da mu nikada nije bio teret. Ne tražeći, zakoračio je prema ulazu jednog od snežnih tunela što su od seoskog trga vodili u raznim pravcima.

Deca i starci iz više porodica ležali su i sedeli po niskoj gostionici; među njima je sedelo i nekoliko mlađih žena, nagnutih nad šivenjem, pletući ili probajući jedna na drugoj frizure. Reč su vodile najstarije žene, mlađe su se kikotale ili šaputale, a naročito tiho sedele su starine, većinom uz zidove; činilo se kao da mirnim leđima moraju da podupiru spoljne zidove jer bi inače teret snega čak zgnječio kuću.

Moj stariji kolega prekinuo je razgovor, mešavinu mnogih glasova, koji je verovatno već pre više sati bio postao zunzorenje što je zajedno sa pramenovima dima iz lula visilo u vazduhu i prostoriju možda više štitilo od zime nego što bi bili u stanju samo zidovi poduprti starcima. Moga starca su još znali. Pre osam godina bio je ovde, tada sa donjim rubljem, a sada, bio je stavio kofer u sredinu prostorije, devojke su brzo dogurnule dve stoličice, sada je, veli, doneo jedan sasvim nov i divan artikal.

Neću da kažem da je odmah otvorio kofer, o ne! Sada je pitao za ovo i ono, saslušao priču o nekolikim pomena vrednim smrtnim slučajevima, kao i o nekolikim svadbama, i nije mogao da se načudi što su se u prostoriji nalazila neka dečica čije su majke i same još skoro bile deca kada je pre osam godina poslednji put bio ovde. Ako pri tom od silnih ah i oh nije više zatvarao usta, meštani su se gordo smeškali i klimali glavama. A pošto je onda svim starcima i staricama stalno menjajući reči potvrdio kako su malo ostareli za proteklih osam godina, i kada je mlade žene uverio u suprotno, kako su one, ondašnja deca, porasle i stasale, sazrele i odrasle za tih osam kratkih godinica, tek tada je naručio duplu rakiju, a za mene uz to jednu običnu. A ovaj, mladi gospodin, jeste, njega zamalo da zaboravi, jedan mladi kolega, kojeg je poveo na ovaj put da ga malo uvede u posao. Pocrveneo sam, hteo da ga prekinem, ali su mi usta bila srasla.

Meštani su hrlili ka koferu što je još uvek neotvoren ležao na hoklicama. Pre svega su se nad njim naginjali devojčurci, pokušavali da provuku prste da bi mu opipali sadržinu i, kada to nije uspelo, prislanjali uši na zidove kofera kao da tako mogu da stupe u kontakt sa najavljenom čudesnom robom. Stari zastupnik brižljivo je posmatrao kako nestrpljenje, uprkos svem govorenju i uzvraćanju, stalno raste i tačno u pravom trenutku otvorio je kofer. Ali gumene kecelje, crne i samo tamnog sjaja, nisu izazvale oduševljenje. To starac kao da je znao. Rekao je: Tako, a sad navalite, psujete! Dajte oduške svom razočaranju! Gumene kecelje, šta će vam gumene kecelje, je'l! Tako je zakratko govorio, a zatim je sasvim neprimetno sa ruganja tim neprijatnim gumenim keceljama skrenuo na svakodnevne poslove ovih ljudi. Kod seckanja grančica, u štali, u kuhinji, u perionici, u podrumu, kod čišćenja prozora, gde sve ne, gde ne bi trebala gumena kecelja, molim, neka mu neko dokaže, gde ne bi mogla da zatreba ta zaštita od vlage, mokrine i prljavštine, molim! Voda, svuda se ima posla sa vodom, a ako ne sa vodom, onda sa prljavštinom, ili i sa jednim i sa drugim u isto vreme, neka mu neko dokaže da postoji rad kod kojeg se nema posla sa vlagom ili prljavštinom, ili i sa jednim i sa drugim istovremeno! Zašto su inače kostobolja i reuma postale neizostavne mučiteljice starosti! Kostobolja i reuma, od njih štiti gumena kecelja.

Počela je odbrana meštana. Ni jednom jedinom rečju nisu protivrečili zastupniku, ali nisu želeli gumene kecelje. Zašto? Zato što ih nisu želeli. Muževi su u seči drva, žene ne mogu same da odlučuju, vlasnik pilane plaćao je tek na proleće, ni do sada nisu imale gumene kecelje.

Zastupnik je naručio drugu rakiju, opet duplu za sebe i običnu za mene. Zatim je izvadio jednu kecelju i pripasao je meni. Postao sam njegov maneken, na meni je sada detaljno demonstrirao prednost tog artikla, koji, kaže, nije preuzeo uzalud, posle tridesetrogodišnjeg iskustva. Morao sam da se saginjem, okrećem, hodam tamo-amo, kecelju brzo vezujem i opet skidam; nisam mogao da se branim ako nisam želeo da starca raskrinkam kao lažova. Ali čak i da sam to pokušao, ko bi poverovao meni, neznancu, novajliji! Videli bi u meni nepokornog i beskorisnog šegrta, uz to još i nezahvalnog. Morao sam da učestvujem i da sačekam trenutak koji mi je dozvoljavao da najavim sopstvene interese. Bio sam, eto, naseo na starčevu bespomoćnost.

Najzad je jednu ženu doveo dotle da mu je otkupila kecelju. Tada je počelo veliko sašaptavanje. Neke snaše su istrčavale da se posavetuju sa ukućanima, da ove po mogućnosti dovedu; i starce su pitale, vikale su im u uši hvaleći kecelje dok ovaj i onaj ne bi klimnuo glavom i obećao da će za ovu kupovinu preuzeti odgovornost i pred sinom kada se ovaj krajem nedelje vrati iz seče. Oblaci dima bili si iščezli, čestim otvaranjem vrata postalo je svežije. Ako je stari zastupnik pre prve kupovine pokazivao zabrinutost i skoro uvređen izraz lica jer su meštani tako malo iskoristili njegov dobar savet i ponudu, briga i loše raspoloženje postepeno su se premeštali na lica žena kupaca. Tek što su platile i preuzele kecelje, a već su se budile iz zanosa u koji su bile pale zbog starčevih reči i svoje pohlepe. Samo što nijedna to nije htela da pokaže dok je trajala kupovina i prodaja; pa svaka je, potajno, mislila da će u objašnjavanju sa mužem kada se vrati biti samo od koristi ako bude moglo da se ukaže na što više susetki koje su se usudile na isti korak. Kada se onda kofer gotovo ispraznio i nijedna mušterija nije više htela da zagrize – bilo je i tako došlo mnogo više žena nego što sam slutio u ovoj selendri – tada se ova ili ona osmelila da starom zastupniku sasvim otvoreno u lice kaže da se kaje i da ju je on, eto, opet navratio i nasankao. Starac se smeškao i govorio da će mu, kada sledeći put dođe, biti zahvalne za svaku kecelju koju je ovde ostavio.

A u tom trenutku – duže nisam smeo više da čekam, žene su se već spremale da odu – zamolio sam za pažnju i glasom nesigurnim od uzbuđenja rekao da smo mi doneli još i nešto drugo, „mi", rekao sam i već otvarao

svoju aktentašnu i vadio budilnik da ga svima prezenti-
ram na dlanu. Ah da, budilnik, rekao je stari zastupnik i
seo. Pa, ako nekome još treba budilnik..., ali tada su že-
ne krenule tako opako da psuju, čak su se čule i reči po-
put „krvopije", „profiteri", „gulikože". Stari zastupnik
uzvraćao je izrazima slične jačine, grdio žene zbog nji-
hove nezahvalnosti, okrutnosti i kolebljivosti. Meni nije
ostalo ništa drugo nego da uz opštu poviku budilnik
opet spustim u aktentašnu. Bio sam srećan što mi je
uspelo da neprimećeno i bez grdnje ispustim nekoliko
reklamnih prospekata za Gutemanove budilnike.
    Žene su otišle, samo je još nekoliko staraca kruto i
nepomično sedelo uz zidove. Stari zastupnik šaputao je
sa gostioničarkom, koja se od početka držala neutralno.
Tada mi je starac rekao da je upravo iz pouzdanih usta
doznao da sa budilnicima u Perducu ništa ne može da
se učini; pronašao je, veli, samo jednog mogućeg kup-
ca, to je čuvar rampe.
    Tako smo posle ručka izašli u selo i opet pošli niz-
brdo. Starac, koji je sada bio predusretljiv i u najboljem
raspoloženju, neprekidno je čavrljao, tešio me da svako
jednom mora da plati školarinu, da sam, uostalom, da-
nas sasvim sigurno mnogo toga naučio i da nisam ože-
njen. A on, da se večeras vratio kući sa polupraznim ko-
ferom, kući ženi i četvoro dece, ne sme to uopšte da
domisli, ta mogućnost za njega uopšte ne postoji, o to-
me jednostavno ne može da se diskutuje; proda li manje
od devet kecelja na dan, to je katastrofa. Bez obzira na
okolnosti, manje od devet kecelja, to ne sme da se desi.
Danas je prodao petnaest, ovo je, naravno, lep dan, ve-
oma lep dan. Uostalom, ljude u Perducu osam godina je
ostavio na miru! Morali smo da se spustimo do stanice
Perduc, a onda dvadeset minuta pored šina, do mesta
gde se planinski put ukršta sa železničkom prugom, tu
je stanovao čuvar rampe. Sa njim se pred vrata tiskalo
još dvoje polunage dece, koje je uzaludno pokušavao da
zaplaši i vrati. I nas je odmah pozvao da uđemo, izvi-
njavao se zbog galame, zbog vrućine, zbog lošeg vaz-

duha, zbog preslabog svetla i zbog velikog nereda i nečiste ploče stola, i verovatno tome ne bi bilo kraja da ga stari zastupnik nije prekinuo. Dakle, žena mu je bila bolesna, imao je da brine o petoro dece, od toga troje ispod deset godina, i još i o službi. Čovek je imao izvinjenje. Video sam da nestaje svaki izgled za poslednju moguću narudžbinu. Mi sigurno dolazimo iz grada, rekao je čuvar rampe, sitan, zastrašujuće omršaveo čovek žutosmeđeg lica i sa debelim ožiljkom na čelu. I on je, kaže, bio u gradu, ranije. Moj kolega ga je podsticao da priča. Da, na železnici, na teretnoj stanici, sa izgledom na unutrašnju službu, ali onda je u velikom štrajku učestvovao kao vođa redara, to je ispalo naopako, anno 33. čak je po kazni premešten, ovamo, u pustoš. Drugovi mu se nisu više javljali, ni posle rata. Postoji li bar još „Napred", ondašnje novine, godinama ih je raznosio, još kao osamnaestogodišnjak. Ali danas su ga u gradu verovatno odavno zaboravili.

Gledao sam preda se da ne srećem poglede dece, koja su nas, ne skidajući ni za tren očiju sa nas, neprestano posmatrala. U susednoj sobi čulo se disanje bolesne žene. Šta ćemo još ovde? Ali kolega je već počeo da govori: da, drugovi su poslednjih dvadeset godina mnogo prepatili, mnogi su ostali negde usput, ali „Napred" opet izlazi, a on, Jozef Šmerker, pobrinuće se da se i ovde u ovoj pustoši „Napred" opet čita. Obezbediće za čuvara rampe besplatnu pretplatu, jer zaboravili ga nipošto nisu. Još i danas se mladima priča o borbama onoga vremena, o delima vođa u velikom štrajku, a ni ime čuvara rampe se pri tom nikada ne zaboravlja. Što smo mi ovde, dokaz je da se opet želi uspostaviti kontakt.

A zatim je moj stariji kolega sve učinio po kratkom postupku: za drugove u nevolji pokrenuta je akcija, prodaju se budilnici, dobit pritiče drugovima u nevolji, to je, pored ponovnog uspostavljanja strarih veza, drugi razlog za našu posetu. Pri tome je uzeo moju aktentašnu i stavio budulnik na sto. Čuvara rampe kolegina priča toliko je dirnula da se sada, mada nemirne savesti, videlo se na njemu, otkrao do kuhinjskog ormana – žena očigledno nije smela ništa da primeti – i doneo potrebni novac, koji nam je šapćući predavao. Gospodi Šmerker razmenio je još nekoliko reči, ukazao na budućnost, koja pripada drugovima, zatim ustao i rekao da je vreme da krenemo.

Dok smo duž šina već uveliko opet gazili ka stanici Perduc, sećao sam se kako mi je snažno i ovlaženih očiju čuvar rampe stiskao ruke. Sa gospodinom Šmerkerom nisam više mogao da razgovaram. Ni on uopšte više nije bio onako govorljiv kao kada smo dolazili. Pričao je preda se, skoro opet cvileo kao pre podne i svakih nekoliko koraka ćuškao svoj kofer, kada bi mu se klatio pred kolenima, natrag pod desno pazuho, što mu je sada, pošto je kofer bio prazan, stalno i uspevalo. Pre nego što smo ušli u voz, odvojio sam se od njega. Morao sam da se pripremim za ponovno viđenje sa gospodinom Groskurtom. Bio sam odlučio da i sam kupim jedan Gutemanov budilnik, ne zato što sam se nadao da ću time i dalje smeti da ostanem u ekipi gospodina Groskurta – do toga mi više nije bilo stalo – hteo sam samo da pokušam da viku, koju će on bez sumnje nadati, prigušim ukazujući na ipak dve narudžbine. Dovoljno glasno bi još uvek bilo. I dovoljno glasno je još i bilo. Šest puta je, pun poruge i prezira, zaurlao vest o mom neuspehu u voz što se od stanice do stanice sve više punio. Svakom od kolega što su ujutro i sami krenuli na put, koji su svi svoje narudžbine ispunili u respektabilnoj meri, morao je da kaže, a od kazivanja do kazivanja ispunjavao ga je sve veći bes što je u svojoj ekipi imao jednog takvog nesposobnjakovića.

Da li je gospodin Šmerker još slušao, ne znam. Prvi sam izašao iz voza, potražio, trčeći kroz sumrak, put od perona sedamnaest do izlaza i bio srećan kada me je na prednjoj platformi tramvaja prosto zgnječilo tiskanje potpuno nepoznatih ljudi. Da bih mogao bolje da spavam, odlučio sam da čuvaru rampe obezbedim pretplatu na „Napred“. Pošto još uvek tražim pravo uhlebljenje, i to sve kraćeg daha, to do sada – i zbog toga što sam mu zaboravio ime, a da se raspitujem takođe nisam imao vremena – još uvek nisam učinio.

JA KAO MALTEŽANIN

Nije u pitanju samo nesnalažljivost ako prelazeći ulice tuđih gradova čvrsto držim za mišku prijatelja koji je tu kod kuće. U pitanju je i poverenje. Sasvim bi mi nemoguće bilo da se recimo tokom dvadeset pete posete i boravka ponašam kao da sam tu jednako kod kuće kao i on, samo zato što sam preko njega postepeno doznao koja ulica se na sledećem uglu susreće sa kojom ulicom. U Berlinu čak imam brata, odnedavno. Berlin pogoduje pešaku. Nigde se ne iskoračuje kao u Berlinu. Gospode, kakve su to ulice. A moj brat Siri se u međuvremenu snalazi kao da je oduvek bio Berlinac. Ah, isuviše dobro se snalazi. Sada, posle tridesete posete, moram da kažem: izgubio sam brata. Naravno, za utehu mogu sebi da kažem: izgubio si ga u korist Berlina! Zar nije bolje izgubiti brata u korist Berlina nego u korist Mančestera, Rostoka ili Frajzinga? Bolje je izgubiti ga u korist Berlina, svakako. Jedan prijatelj mi je pisao iz Pariza da mogu slobodno da budem srećan. Pa hajde onda da budem srećan. Meni je Siri predlagao da ostanem kod njega, postanem Berlinac kao i on. Rekao sam: pusti me, molim te, da odem kući na Maltu. Otkad sam se vratio, razmišljam o tome. Kakav je nepredvidiv razvojni tok Siri tamo doživeo. Mi smo umešni proizvođači igračaka, moj brat i ja. Ja još uvek proizvodim igračke koje smo ranije proizvodili zajedno. Grupe figura koje se stavljaju u pokret pomoću jedne jedine ručice. Još uvek proizvodim Velizara kako stavlja nos u lonac malteškog meda ukrašen ružama, izvlači glavu bez nosa, pa još jednom mora da je zaroni u lonac da bi izvadio svoj u medu zarobljeni nos. A drvoseču proizvodim kao odvajkada, to oličenje malteške čežnje, koji u životu vidi više bandera nego stvarnog drveća. Istrajno mašeći, moj drvoseča svakim udarcem pogodi svoje desno koleno. Tako tešim Maltežanina, koji nikada neće imati prilike da poseče onoliko drveća koliko bi hteo. Maltežanin se raduje ako okreće ručicu, a drvoseča ne može ništa da priuči, dok je on, gledalac, naravno odavno zapazio kako bi to moralo da se radi pa da se bradvom pogodi drvo. Istovremeno na naše bezdrvno ostrvo sa svakim primerkom te igračke stigne po jedno simbolično drvce. A ono se ne seče. Ko želi da ga poseče, kažnjava čak sam sebe što želi da poseče drvo. To su, eto, misli koje neki Maltežanin može da ima dok posmatra moga drvoseču. Brat je taj motiv usavršio mnogo mnogo dalje. Njegov drvoseča zamahne sekirom, pri tom iza sebe popu što čita brevijar svaki put izbije brevijar iz ruke, knjiga poleti nadole, brzo pokaže, pre nego što opet uzleti, da su stranice prekrivene bludnim crtežima, ali, evo, već opet pratimo divlju sekiru, koja se sada sa hukom spušta, ali ne na neko stablo, ni na drvosečino koleno, već na nekakvog profesora što se posle svakog udarca koji primi u predelu slabina zahvalno presamiti. Brat je svakako mnogo priučio, on vlada sa više sredstava nego ja. Ali priznajem da njegov razvojni put posmatram sa brigom. Šta će drvoseča između popa i profesora? Ko ne zna šta za Maltežanina znači drvoseča, taj nikada neće shvatiti kako drvoseča dospeva u ovu priču. Moj brat kaže: Tako ovde niko ne pita. Svako ovde shvata satiru ove grupe. Još svirepije nadogradio je naš ljubavni par. Kod mene devojka za poljubac još uvek naginje napred glavu i svaki put svojim ustima pogodi momkovu nakostrešenu krutu bradicu, jer on svaki put zabaci glavu da bi flašu strmo naneo na usta. Tako slikovito prikazujem nevolju koja nastaje ako se devojka zaljubi u pijanca. To je kod nas još uvek važna tema. Brat je usavršio tri ljubavna para koja ne smem

da opišem. Naravno da i mi Maltežani znamo da je po-
stojanjem dva sasvim različita pola postalo moguće da
se mnogo šta obavi. Ali mi prema tim obavljanjima ima-
mo prilično licemeran odnos. Javno ne priznajemo sko-
ro ništa od onoga što činimo. Mi smo u tome još skoro
kao deca. Osetio sam to odmah kada sam video bratove
ljubavne grupe. Stideo sam se. On je hladno okretao ru-
čicu i smejao se. Smejao se, dakako, malo preglasno. I
skretao pogled sa mene. Dakle, još nije sasvim nadvla-
dao Maltežanina. Ipak, Maltežanin više nije. Šta je na-
činio od Judinog poljupca. Isuviše je strašno. Juda sreće
Hrista, ljubi ga i... ne, ni za šta na svetu ne bih opisao
kako je obradio taj sveljudski prizor samo zato što u
svemu nađe nečeg erotskog. Kada sam ga zamolio da
uništi tu grupu, čudno se smeškao. Vadio je napise. O
mom bratu pisali su profesori. Protiv njega i za njega.
Pročitao sam i nisam se više usuđivao da tražim uništenje
grupe Juda – Hristos. Njegova igračka ovde očigledno
važi kao nešto teološko. I u njegovim najnepristojnijim
ljubavnim parovima profesori otkrivaju religioznost. Ka-
ko im to uspeva, ne umem da izrazim, jer nedostaje mi
obrazovanje. Profesori, međutim, očigledno imaju izo-
štren pogled za religioznost, otkrivaju je u bratovim
igračkama kao što inspektor kod nas u mesu otkriva tri-
hine. Očigledno je religija u ovoj zemlji sasvim u ruka-
ma stručnjaka; a oni su već srećni ako među mnogim što
životare nađu nekoliko neprijatelja; sa njima čovek bar
još može da se svađa o nečem religijskom. Takav jedan
omiljen neprijatelj postao je, dakle, moj brat.
    Zbog mog neustrašivog držanja prema opakim gru-
pama stalno su me pitali da li sam i ja Berlinac. Brat me
je gledao bodreći me. Žestoko mi je klimao glavom.
Hteo je da me zauvek zadrži ovde. Svaki put bih pomi-
slio: sad valja ostati dosledan. A ako valja ostati dosle-
dan, ja sam, eto, Maltežanin. Pa bih svaki put kazao
glasom drhtavim od hrabrosti: Ne, ja sam Maltežanin.
Maltežanin, rekli bi, šta je to? Jedan je slutio da je to
samo neka pivara. Drugi bi bar mislio da je rasa konja.

Neki pametnjaković znao je da postoji rasa pasa koja nosi naše ime.

Brat se ponašao kao da je ljut, nazivao me nezahvalnikom. Konačno, sada smo u Berlinu, govorio je. I ti ostaješ ovde. Maltežane, veli, cene u Berlinu. Naročito ako ovde ostanu. A nigde ljudi nisu tako otvoreni za progresivne igračke kao ovde. Dobro ćemo zarađivati, moći ćemo cele godine da putujemo kuda želiš. Da, to ćeš još shvatiti. Zamisli, dođemo u Pariz, hajde reci, kao šta dođemo u Pariz, kao... kaži, kao šta to? Kao Berlinci.

Tako me je saletao govorenjem. Imao sam utisak da Berlin za njega nije mesto stanovanja nego zanimanje. Zanimanje koje može da se upražnjava svuda u svetu. Povremeno i u samom Berlinu. Rođeni Berlinci očigledno nisu bili dovoljni za taj zadatak, možda nisu ni pogodovali za njega, ili su se jednostavno izvlačili, pa su drugi morali da se stavljaju na raspolaganje i postaju Berlinci.

Postao sam oprezniji. Čuo sam, naime, da i druge pitaju da li su Berlinci, i svaki je odgovarao da, naravno, jeste Berlinac.

Očigledno sam to pitanje uvek pogrešno razumevao. Savladavao sam se, nisam više odmah govorio da sam Maltežanin; ipak, još mi nije uspevalo da imitiram obesni i prisno ozbiljni ton ostalih i da kažem: Da, naravno da sam Berlinac. Grad sa toliko drveća za Maltežanina je stvarno opako iskušenje. Želiš li ovu kuću, rekao je brat takoreći munjevito dok smo u Nikolaszeu prolazili pored neke vile oko koje su stražarile ogromne jele; nadzemaljska ponuda senki; morao sam nekoliko puta krupno da skočim. Ali Siri nije popuštao. Pljusnuo je sa mnom u krkljanac Vilmersdorfa. Pokazao mi kako Argentinska aleja vodi direktno u nebo. I koje figure bi mogle da se izuče u radinosti Šteglica. Ah, i gradiće Celendorf i Dalem što opet nestaju u šumi. Zatim se danima nisam sastajao sa bratom. Uselio sam se u jedan pansion u Kantovoj ulici. Tu niko nije pitao da li sam

Berlinac. Pometnja je splašnjavala. Mogao sam da se vratim u bratovljevu kuću. Kuća se nalazi u Grunevaldu i izgleda kao da unutra, u njoj, još mogu da se love sve one životinje kojih u samoj šumi više nema. Brat je toga dana morao da se pojavi na jednom prijemu u senatu. Male obaveze, eto, postoje, rekao je. Moraš sa mnom, rekao je, pa ćeš videti kako su ovde još i obaveze prijatne. A onda je baš vrvelo od umnih i lepih ljudi, predstavljali su me i predstavljali, i po svakom bih onda poznao kada je hteo da otvori usta za parolu: Jeste li i vi Berlinac?

U svoj toj gužvi bilo je lako prečuti parolu. Ali je moj brat čekao moje da. Verovatno bi me tada odmah odvukao nekom beležniku. Nisam mogao da mu učinim tu uslugu. Sutradan me je odveo na stanicu Zo. Nije više mnogo govorio. Obećao sam mu da ću kod kuće još jednom razmisliti o svemu. To obećanje sada ispunjavam. Pobogu, dragi brate, i sam najbolje znaš da biti Maltežanin nije ništa naročito. Zar ne postoje i sasvim bedni Maltežani? O da, postoje. Naravno da postoje i Maltežani koji su sve drugo samo ne bedni. Postoje čak i veličanstveni Maltežani. Ja sam verovatno sasvim normalan Maltežanin. Kažem to bez nadmene skromnosti. Dakle, i kada nekada iz senke izađem na sunce, ja ne pomislim: Sada jedan Maltežanin izlazi iz senke na sunce. O ne. U stvari, ne pomislim pri tom ništa. Osećam samo da sada izlazim na sunce. Naravno, kada iz senke izađem na sunce, ipak jedan Maltežanin izađe iz senke na sunce. Ali, molim vas, ne trošimo reči na to! Za nekog Maltežanina nije, bogme, sitnica prećutati svoje maltežanstvo. Za to verovatno ima više razloga nego što ih zna običan Maltežanin. Nepravičan sud istoričara o prošloj istorijskoj veličini; sjaj koji nas prekriva jer su se Orijent i Zapad ratovanjem ponižavali pred nama i radi nas; zastrašujuće gubljenje geografskog, ako ne i vojnog značaja; glagoljivost našeg stanovništva, koje je naviklo da u Carigradu i Londonu sa divljenjem blebeću malteške duhovitosti. Pa oko nas su se okretali ne samo Istok i Zapad. To bismo izdržali. Ali kada su i Sever i Jug zapeli da nas prave važnim, tada nam nije preostalo ništa drugo nego da svoj značaj uzmemo ozbiljno. Otuda bi Maltežanin još i danas svoju ponestajuću snagu najradije koristio da stalno izgovara preda se: Ja sam Maltežanin. Ja možda ipak nisam sasvim običan Maltežanin, jer toliko se savlađujem. Čak ako i ja jednom podlegnem staroj malteškoj mani pa mi ona rečenica koja kazuje da sam Maltežanin takoreći protiv volje iskoči iz usta, čak i tada svako mora da primeti da ja tu rečnicu nipošto ne propuštam olako. Još u sekundi u kojoj podlegnem malteškoj mani ja je istovremeno pobedim tako što rečenicu (Ja sam Maltežanin) ili obojim pogodbeno, ili je sateram u tor sporedne rečenice, ili je čak, kao upravo sada, utamničim između dve zagrade, ili je naprosto ironično pustim da skonča u bezizraznosti i opštim mestima. Ukratko: oštetim je koliko mogu. Neumanjeno nabreklu rečenicu: Ja sam Maltežanin, nećete od mene tako brzo čuti. To stvarno prepuštam zaostalosti našeg zavičaja što je postao provincija. Dakle, sasvim običan Maltežanin ja sigurno nisam. Dakako, ne usuđujem se ni da sebe nazovem nekim naročitim Maltežaninom. Maltežanstvo je skroz-naskroz obeleženo i usavršeno tradicijom; unutar maltežanstva nije više moguća nikakva naročitost. Ili je čovek Maltežanin, ili nije Maltežanin. Iz toga proizlazi da moj brat nije više Maltežanin nego Berlinac. Ne želim da se ubeđujem sa njim. Čak želim, kao što je preporučio prijatelj iz Pariza, slobodno da budem gord. Ali želim na kraju i da priznam da nisam u stanju da naprosto zaboravim svoje provincijalstvo, ono je zaselo u meni poput same svemoćne duše i trese me kao doživotna groznica, razjapljuje mi usta da se glupavo izjasnim: Ja sam Maltežanin. Mada takav koji će se uvek pomalo stideti što je to. Ti si, srećni brate, nadvladao stid. Da bih te učinio još srećnijim nego što si već i tako, mogu sada da ti doviknem: Nikada nisi bio Maltežanin. A ono što si danas, sutra će biti da nisi bio.

Pobrinimo se, dakle, da nam prezent nikada ne postane suviše nadmen. I da bih tebi koristio, savlađujem iscrpljujuće izjašnjavanje za neko mesto, preskačem oskudnost prezenta i sve obuhvatam utešno egzaktnim futurom: Biću bivši Maltežanin.

MOJ DŽINOVSKI PROBLEM

Jeste, ja, ja prodajem svog džina. Novaca da mi platite nakupićete jednim zahvatom u džep sakoa; pod pretpostavkom da i Vi poput mene pare nosite rasute po džepovima. U slučaju da kupite moga džina, preporučujem Vam da pare i dalje nosite po džepovima. Često mu je hitno potreban neki slatkiš, ostane Vam još samo dovoljno vremena da među novčićima što skakuću po džepu ulovite dva, stuštite se kroz vrata najbližeg dućana, onda, u stvari, morate već opet da ste kod njega, inače će sesti na trotoar i od tuge pola sata neće moći da se pokrene. Najbolje je da uvek sa sobom nosite nešto slatko pa mu to tutnete u usta čim vidite da odjednom počinje nostalgično da njuška. On tada stane, koža mu poprimi boju kao da mu u glavi gori neko svetlo boje šljive, crte lica mu se sudaraju, očigledno želi nešto da domisli, i tada je krajnje vreme za nešto slatko. Čim mu se usta napune slatkim, opet diše punim plućima i prati Vas kud god poželite. Zbog njegove veličine, uopšte zbog njegove osobenosti i načina delanja, moram da ga nazovem džinom. A sebe moram da nazovem: njegovim pratiocem. Dobegao je meni. Ja sam dobegao njemu. Valjda još pre nego što smo išta slutili. A pošto je to bilo tako davno, suvišno je pitanje ko je kriv.

U stvari je nem. Bar ako se o njemu sudi po onome što ume da izrazi rečima. Ali ima neki pravac. Često tako njuška u predeo, sve do tamo gde se on zaplavi. Tada ja formulišem za njega. Šljivarski kraj, kažem, je' l? On zaklima glavom. Ah, teško je učiniti ga razumljivim. Ne plaćam na njega porez. Ni napustiti ga nije moguće. Hvala bogu, vide nas. Čim ostanemo sami, počne da se igra sa dvanaest starih flaša za kolonjsku vodu i beskrajnom zalihom šljivovih košpi. Sa izrazom lica kao da nosi tešku odgovornost, košpe svaki put rasporedi po jednoj karti Južne Amerike. Hteo sam da ga naučim da košpe baca na flaše i da tako proizvodi neku melodiju, ili bar neku vrstu ritma koji bi ljude mogao da uveri u nas. Ali on sa priredbama ne želi u životu da ima nikakve veze. Ne kaže to, ali mi daje do znanja. Ponadao sam se, naravno, da bih profesionalno mogao da mu postanem pratilac. Na klaviru ili nečem drugom. Šta će čoveku inače takav jedan džin, često bi mi sevnulo kroz glavu. Umnožio sam svoje prste, predočio mu, nabrajajući mu na više od deset prstiju, sav novac koji bismo zajedno mogli da zaradimo. Ali naše bitisanje nije se pročulo kao neki turistički život sa bezobrazno privlačnim plakatima. Moju spekulaciju da uz pomoć njegove neobičnosti postanem bogat, svemoguć čovek, on je jednostavno uništio. Bojažljiv je. Možda i stvarno glup. Darova ima, ali na obrazovanje je imun. Povuče kredom po zemlji sedam notnih linija, rasporedi šljivove košpe kao note, a onda otpeva melodije koje je tako markirao; jednostavne katoličke melodije, koje podsećaju na predbrđe Alpa. A ako ja kažem: E, pa to ćemo sada da usavršimo, on prestane, rasturi napev od šljivovih košpi i potrbuške legne na zemlju. Dakle, ni kompozitor ne može da se stvori od njega.

Tako sam postao pratilac jednog posve neupotrebljivog džina. Zato rado izdašno zamišljam kako ću se odvojiti od njega. Verovatno ću već samo nekoliko trenutaka po odvajanju biti nov čovek, čovek od kojeg će konačno morati da se paze. Samo da odem od svog džina! Neka ode on, ako mora da bude. Po njemu ovde uopšte nije mesto. U stvari, mesto mu je u muzici. Jeste. Duboko u muzici mu je mesto. Ali kako ga odvesti tamo? Mlataram rukama, u meni vrca od planova, neskriveno mu šaljem gore svoju čistu mržnju. On pogleda sa visine, osmehne se tako široko da bi u osmehu mogla da mu se njiše kolevka sa blizancima. Zna se kakva je duša džinova. Mene, čoveka usmerenog ka životu, mene on zlostavlja svojom džinovskom dušom. Kralju belog mrsa, doviknem mu gore, mesečev cvete! O ti slone mojih jada i kite mojih briga, o ti moja pregolema tugo. Ali, kao sva stvarno muzikalna bića, on reči uzima olako. Sada, dakle, priznajem da odavno pokušavam da ga prodam. Ali svaki direktor odmah mi kaže u lice: Pa niste ga ničemu naučili. Šta to on ume?

Da plače, kažem.

Da plače, vele onda, plakati, to jeste nešto, pa hajde, plači, Golemi.

To, međutim, ja više ne izdržim. Ne dam da tako razgovaraju sa mojim džinom. On već njuška, lice mu već poprima plavu boju šljiva, u svakom oku već vidim po jednu od njegovih doista lepih okruglih suza, pa ga besno dograbim i povučem za sobom napolje. U majmuna ne dam da ga pretvaraju.

Da li je plakao samo što je čuo da sam hteo da ga prodam?

Zatim sam, u nevolji, još pokušao da mu plač dovedem na zavidan nivo. Očito se plačem moglo nešto dobiti. Ali od njegovog plača nije nastala programska tačka. Plač je kao takav dobar preduslov, ali moj džin naprosto nije umetnik. A plač koji se umetnički ne neguje ostaje dreka, pa publika što živi u savršentvu šišti.[*]

Uspešniji smo u privatnim krugovima. Ja govorim, a on plače. Govorim brzo, isušenim, britkim rečenicama, rasprostirem svet u rečima, bacam oštra svetla na šta god hoćete, a on oplakuje. Stoje oko nas, pristalo se smeju i nude nam pića. Kažu da smo rado viđeni. Nesumnjivo, komični smo. Ali nas se ne boje. Zato uspeh izostaje. Zato moj golemi privesak mora najzad da nestane. Ugodnosti koje nam za sada ukazuju mogle bi se,

---

[*] Jedan od načina kojima nemačka publika izražava neodobravanje *(Prim. prev.)*

doduše, nazvati i honorarom. Ali plakata nema. Nema ni sale. Nema straha. Nema, dakle, sjajnog prikaza. Na putu kući ga psujem. On me uznosi uz stepenice, nazove me kraljićem, oljušti mi narandžu koju mu je neka dama gurnula duboko u džep. On više voli šljive. Zato ga često podrugljivo nazovem: svojim šljivovim kraljem. Time, dakako, aludiram i na naše zajedničko poreklo i istovremeno oštro naglasim da, ako se još uvek borimo u plavoj senci šljiva svoga zavičaja, to valja pripisati njegovoj tromosti. Zbog njega se ne otarašavamo porekla iz šljivarskog predela. On je sam neuhvativa, plavo kuljajuća šljivova masa, crveno-zlatno meso u koži od plavog inja. Da bih mu izbrisao pamćenje, ponekad ga ledeno nazovem Fric. On po hiljaditi put poveruje da sam mu stvarno zaboravio ime i sa dirljivim obzirom kaže: Pa ja se zovem Josip.

Ima on, naravno, i dobrih strana. Uvek, na primer, sačeka da se prehladim. Prehlađeni, promrsio je jednom, zna to da ceni. Čim, dakle, pokažem da sam prehlađen, on živne. Odmah nađe vrućeg pekmeza od šljiva, stavi mi protiv moje volje oko vrata oblogu sa svojim vrućim pekmezom od šljiva, istrlja mi listove vrućim sokom od šljiva, saspe mi u grlo vruću šljivovicu, a pod krsta mi tutne vrećicu napunjenu vrućim šljivovim košpama. Raduje se ako se branim od njegovog lečenja. Tada može baš dobro da se potvrdi. Kada me tako konačno potpuno potopi u svoje šljivovo zdravlje, on kao neki veliki lekar pere ruke i dovikne mi da se ponosi mnome.

Ah Josipe, kažem ja tada, šta li će još biti.

On odmah razabere sudbinski ton, razvuče svoje preojađeno džinovsko lice, zgražavajući se vidim da sada hoće da misli, i on, evo, misli, seda, skoro onesvešćen, na ivicu kreveta, pa lagano, da još i ne ošteti svoju misao, lagano promrsi: Jednom će doći kiša, a ako imamo sreće, čak će još doći kiša. Ali molim, ostanimo skromni, i kiša je dovoljna. A ako ne kiša, onda, eto, kiša. Da budem sasvim pošten, u našem položaju bila bi već dovoljna čak kiša, ili pak bar kiša. Šta Ti misliš?

Ah Josipe, kažem mu ja, da samo nisam ovako prehlađen, sada bih se rado umešao među ljude, na kraju krajeva potreban je ipak razgovor. On oprezno zategne oblogu i ćuti. Dakle, nije on baš takav da bi uvek želeo da ima poslednju reč. Dakako, mi jedan drugom već predugo stanujemo u duši, a da bi to nešto značilo. Pa dobro, ljudi, uzmite mi ga, kupite, kupite moga džina. Negde je sigurno sagrađena neka višespratnica, tu vlada živost, sve štima, ali vazduh u tim prostorijama još uvek nije zadovoljavajući, a zašto: još se u toj zgradi nije plakalo. Dakle, tu bih odista mogao da preporučim svoga džina. Dobar bi bio i za neki nadzorni odbor koji preti da će se sasušiti jer je gospoda u nekom pogledu previše lukava i deluje već previše uvošteno. Ali mogućnosti delovanja moga džina uporedive su sa mogućnostima mora. Zamislimo da se noću okrenete u krevetu, uvek ćete pomisliti da se sada okrećete od njega ili da se okrećete ka njemu. Jednostavne kretnje, kada je on u blizini, bivaju značajne. Onu pomalo jadnu i nestalnu lakoću, koja se danas ušunja u svakoga, koja liči na dugotrajno neizlečivo draženje na kašalj, on će isterati iz Vas, težinom i prizivanjem šljiva, obećavam Vam. Stvarno će od Vas napraviti neku vrstu komičara. Dođite hrabro sami i pogledajte mu naizmenično u njegove isuviše razmaknute, kao šljive plave oči. Dođite u subotu. Subotom ga uvek u Vojvodinoj ulici posadim pred kafić. Ako slučajno prođete, recite mu slobodno spadalo. To on voli. Da, ume da bude baš častoljubiv, ako to samo malo tražite od njega. Slutim da bi sada baš voleo d se pročuje. Zbog bolesti. Ali, ne kačite mu, molim Vas, ništa na leđa dok tako sedi. Molim Vas, imajte na umu da se u njemu slažu misli, čim sedne. Nije mu lako. Sedi i broji svoje pantalone, a lice mu poprima izraz kakvog starog ruskog izgnanika. Imajte na umu koliko mesta u njemu zauzima pamćenje! Kako dosluhne zveckanje pribora za kafu iz našeg prvcatog braka! Violet natucanje budućeg sveštenika! Padanje šljiva u san. Vidite kako seže sebi u lice, traži usta. Sada stidljivo poginje glavu. To što mu je hrupilo uz usta je njegov jezik. Hteo je da lizne Vaš sladoled, gospodo. On sam neće sladoled. Molim Vas, ne tešite ga sve dok lice okreće nadole. Držite se izvesno vreme sasvim kao zimsko sunce. Dakako, dok sedi tako postiđeno i jecajući pokušava da uvuče jezik, i nekoj curici bilo bi lako sa njim. Dovoljno bi bilo da samo kaže da danas još mora u kupovinu, i već bi je on srdačno umotao u svoj šal i odtornjao se sa njom dok okrutna sudbina njega i nju ne izgubi iz vida u obilju Češke prodavnice delikatesa. Pažnja, sada drhti. To ume bolje od srne u januaru. Ne uspeva mu uvek tako lepo kao sada. On, eto, poput baštovana zavisi od čudovišnih procesa, Ovo, na primer, naziva molitvom. Nemojte reći da samo iščačkava lulu. On to, šta ćete, zove molitvom. Palcem kojim sada prelazi po okruglini lule odmah će se prekrstiti. Sada bi neko mogao da mu sedne na desnu butinu. Halo! Halo! Zar niko nije slobodan? Ili je interesovanje već tako malo? Vidite li, butina se klacka, a niko ne sedi na njoj. Ovo što čujete je njegova jahačka pesma điha-điha. Kad bi mu neko sedeo na butini, bila bi to luda predstava sa pevanjem, ovako, naravno, sve deluje pomalo suvišno.

Shvatite, molim Vas, ukoliko u subotu ne dođete, ukoliko se ne nađe niko kome se jaše na njegovom velikom butu, moraću sam opet da skočim na taj but i da se treskam gore-dole dok on dobrovoljno ne okonča svoje cupkanje. Polupaće pola grada ako mu but ostane go. Dakle, subotom, molim. I nedeljom, ako ne može drukčije. Zapravo uvek. Čekam takoreći Vašu ponudu. Ukoliko do nula časova niko ne dođe, moraću da ga odvedem kasapinu. Takav jedan džin neverovatno mnogo ždere. A pošto je u svoj svojoj seti (koja može da se označi kao inače nepoznata glad) već posezao za mnom, neću moći baš ništa drugo nego da ga sa nekoliko plenećih tirada predstavim kasapinu. Bude li on nečovek, moraću svog milog džina sam da izvedem na pretovarnu stanicu, moraću da mu objasnim da se krećemo ka jednoj reskoj pustolovini, moraću sa njim po mraku da se odvučem do pretovarne rampe, moraću da ga uguram pred samo zatvaranje vrata vagona. U početku to nije svirepo. Pa on konje voli skoro više od starih flaša za kolonjsku vodu. Poznajem ja njega. Još pre nego što vagoni pređu Brener, moj džin će sa konjima pevati korale kako nisu pevani još od Lojtena.

Moram da se nadam da me na kraju neće još i pogledati jednim od svojih usamljenih očiju. Tada bih ga pokorno opet odveo kući. Dakle, u to mogu da Vas uverim, ako ga jednom imate, nećete se više tako lako odvojiti od njega. Sada, na primer, upravo kleči na svojoj karti Južne Amerike, stavio je šljivove košpe na Surinam i iz jedne flaše za kolonjsku vodu oprezno sipa vodu na svoje šljivove košpe i Surinam i pravi izraz lica kao da za Surinam čini nešto dobro.

Ali ako ustnem i viknem: Hajde, ustaj, brzo, putujemo u Surinam, pomozimo tamo! on tada ukaže na baricu koja na karti prekriva Surinam i kaže: Već sam na Surinamu zasadio šljive. Pri tom me tako pogleda da bih pred njim i njegovim šljivarskim Surinamom najradije prestao da postojim. Većinom tada prosto kleknem pokraj njega, pa veče provedemo nad kartom, sričemo udaljena imena i sa malčice dostojanstva odlučujemo gde ćemo sledeći put da sadimo šljive.

POGOVOR

Dok smo čitali ove priče Martina Valzera, kao da smo prisustvovali očiglednoj nastavi manipulacije. Gospodin Belmonte, kojeg bi Elijas Kaneti verovatno nazvao maestrozo, svoje klijente, sve same tankoćutne pijaniste, neposredno pretvara u hotelske portire, a posredno čak u pse, vodi ih do pasjeg života i natrag. Da, on bar nagoveštava i povratak – za razliku od ponekog državnika što svoje podanike odvodi samo u onom prvom pravcu. Stari kolekcionar Aleksandar Bonus još dok je predmet manipulacije postaje i sam manipulant. Nesrećni Templone čak je žrtva sopstvene manipulacije. Budilnik iz priče „Napad na Perduc", koji biva utrapljen sirotoj žrtvi manipulacije, dobro bi došao da budi uspavane manipulantske savesti.

Pri tom su likovi, odnosi i radnje kod Valzera često toliko nestvarni da umnogome liče na našu stvarnost sa kraja veka. I kada prepoznatljivo slika nemačku (ne)stvarnost, u njegovim slikama može da se prepozna svet. Da slučajno nisu Maltežani, Valzerova malteška braća bila bi braća Srbi. U skoro svakoj priči nalazimo rečenice koje bezostatno mogu da se odnose na nas i naše prilike. I u celoj priči „Moj džinovski problem", najnestvarnijoj i pomalo „otkačenoj", ne možemo a da ne prepoznamo sopstvenu situaciju. Tu nam se prikačio nekakav velikan, džin, koji je srećan kada može da nas cupka na svome džinovskom butu ili da nas na drugi način cuca, a koji inače nije ni za šta, čak ni za ulične predstave, mada smo sa njim kompletan svetski cirkus. A u pozadini šljivarski predeo koji bi da se protegne čak i na Surinam! Da bih neke od likova iz poslednjih dveju priča učinio još bližim, dozvolio sam sebi dve male slobode u prevođenju imena. Malim pomakom na relaciji b-v Belizara što nosem srlja u med preveo sam u Velizara (kad je već barbarin varvarin, Babilon Vavilon, a Bizant

66

Vizantija). A džina Jozefa preveo sam u Josipa. Na ovo me je posthumno nagovorio Fridrih Direnmat, koji u jednom od svojih kriminalističkih romana kaže da su svi Jozefi (a time i Josifi, Josipi, itd.) isti. Dakle: Jozef Gebels, Josif Visarionovič, pa naš Josip...

* * *

Martin Valzer je verovatno jedan od trojice najznačajnijih živih nemačkih pisaca. Rođen je 24. marta 1927. godine u Vaserburgu na Bodenskom jezeru. U tom kraju i danas živi. Studirao je nauku o književnosti, filozofiju i istoriju u Regensburgu i Tibingenu. Doktorirao je 1951. godine ogledom o Francu Kafki. Još kao student, a kasnije do 1957. godine, radio je kao reporter i urednik na radiju i televiziji u Štutgartu. Od tada se profesionalno bavi pisanjem. Gostovao je kao predavač na nekoliko američkih koledža i univerziteta. Član je Pen-centra Savezne Republike Nemačke, Nemačke akademije za jezik i književnost i Bavarske akademije lepih umetnosti.

Valzer je pre svega prozni pisac, mada je pisao i pozorišne komade, radio i televizijske drame. Objavio je između ostalog romane *Brakovi u Filipsburgu* (1957), *Poluvreme* (1960), *S one strane ljubavi* (1976), *Odbrana detinjstva* (1991), *Vodoskok* (1998), knjige pripovedaka *Avion nad kućom i druge priče* (1955), *Lažljive priče* (1964), novelu *Konj koji beži* (1978; prevedena i objavljena i kod nas), knjige eseja *Kako i šta obrađuje literatura* (1973) i *Izjave ljubavi* (1983). *Vodoskok* je umnogome autobiografski roman, Valzerov portret umetnika u mladosti.

Za priču „Temploneov kraj", sadržanu i u ovoj knjizi, Martin Valzer je još 1955. godine dobio nagradu Grupe 47. Posle toga dobio je i Heseovu, Hauptmanovu, Šilerovu, Bihnerovu i Helderlinovu nagradu, a na Sajmu knjiga u Frankfurtu 1998. godine uručena mu je i Nagrada za mir Berzanskog udruženja nemačkih izdavača i knjižara.

Života Filipović

67

SADRŽAJ

Izdavačko preduzeće
RAD
Beograd, Dečanska 12

*

Glavni urednik
NOVICA TADIĆ

*

Grafički urednik
MILAN MILETIĆ

*

Lektor i korektor
NADA GAJIĆ

*

Nacrt za korice
JANKO KRAJŠEK

*

Priprema teksta
Grafički studio RAD

*

Za izdavača
SIMON SIMONOVIĆ

*

Štampa
Elvod-print, Lazarevac

CIP – Каталогизација у публикацији
Народна библиотека Србије, Београд

830-32

ВАЛЗЕР, Мартин

    Moj džinovski problem : priče / Martin Valzer ; [s nemačkog
preveo Života Filipović]. – Beograd : Rad, 2000 (Lazarevac : Elvod-
print). – 69 str. ; 18 cm. – (Reč i misao : knj. 510)

Prevod dela: Mein Riesen-Problem / Martin Walser. – Str. 66–67:
Pogovor / Života Filipović.

ISBN 86-09-00702-2
ID=85341452

www.ingramcontent.com/pod-product-compliance
Lightning Source LLC
La Vergne TN
LVHW021621080426
835510LV00019B/2693